L'Invasion Allemande

LE CHANOINE CERF

1870-71

L'Invasion Allemande en Champagne, 1870-71.

SÉRIE 6bis.

L'Invasion Allemande en Champagne,

1870-71

PAR LE CHANOINE CERF,

MEMBRE CORRESPONDANT DU MINISTÈRE,
MEMBRE DE L'ACADÉMIE DE REIMS, ETC., ETC.

ILLUSTRÉE DE 26 GRAVURES.

Société de Saint-Augustin,

DESCLÉE, DE BROUWER ET CIE,

IMPRIMEURS DES FACULTÉS CATHOLIQUES DE LILLE. — MDCCCXCIX.

AVANT-PROPOS.

« *Dans tous les livres qui ont paru jusqu'à ce jour sur la
» campagne de 1870-71, a dit M. Émile Cardon (1), on a
» négligé la part prise par le clergé dans cette lutte effroyable
» où la France a été écrasée, mutilée, ruinée. Et cependant,
» depuis Mgr Freppel, l'évêque d'Angers qui appelait aux
» armes les élèves des séminaires, jusqu'aux pauvres Frères des
» Écoles chrétiennes, qui allaient se faire tuer sur les champs
» de bataille en portant des secours aux blessés, que de dévoue-
» ment, de patriotisme, d'abnégation ! et aussi, que de misères
» noblement subies, que de souffrances supportées avec résigna-
» tion, que de courage, que d'énergie !*

» *Suivez la marche des envahisseurs..... par où commencent-ils
» leurs déprédations et leurs crimes ? Par l'Église, par la
» maison du Curé. Les sectaires protestants attaquent tout
» d'abord les serviteurs de Dieu ; c'est dans l'ordre.*

» *Partout où passent, partout où ont passé les Prussiens, dans
» les campagnes, ce qu'ils ont d'abord détruit, incendié ou pillé,
» c'est l'église. Dans tous ces villages, une des premières victimes,*

---

1. Émile CARDON, *rédacteur du journal* Le Gaulois.

» c'est le prêtre. Le martyrologe est long, allez, et mérite d'être
» transcrit.....»

Fort de cet aveu du journal Le Gaulois, au moment de la guerre, nous avons réuni tous les documents qui concernent les actes de dévouement, de générosité et même d'héroïsme, qui ont été accomplis dans le diocèse de Reims durant l'invasion allemande de 1870-71, nous attachant davantage à ce qui se rapportait au Clergé, aux Communautés religieuses, puisque c'est une lacune que nous voulons combler... Ce travail est dans nos cartons depuis vingt-cinq ans. Aujourd'hui, nous croyons bien faire en l'éditant.

Cette page historique devait trouver sa place dans les Annales du Diocèse. Ce sera le Livre d'Or de la charité et du sacrifice, où sont énumérés les Dévouements, les noms des Victimes, les Réparations et les Prières, pendant la période douloureuse de notre guerre avec la Prusse. Nous ne faisons pas l'histoire de cette guerre ; nous n'avons qu'un but, celui de montrer que, dans la ville et dans le Diocèse de Reims, si éprouvés pendant l'occupation allemande, tous ont noblement supporté les désastres, tous sont venus soulager les plus malheureux ; plusieurs ont donné leur vie pour le salut de leurs frères.

Pour rendre notre travail plus intéressant et lui donner une sanction véritable, nous le faisons, autant que possible, le travail de tous. Nous laissons parler les témoins, les acteurs, les victimes. De cette manière, nous aurons non seulement les faits, mais un ensemble de pièces historiques réunies dans un même volume.

Quelques-unes sont d'une grande valeur ; c'est le récit que plusieurs victimes de la guerre nous ont adressé après les événements : ce sont les lettres de M. l'abbé Baudelot, *curé de Bazeilles ; de M. l'abbé* Marteau, *curé de Vaux, dont la noble conduite a excité l'admiration ; de M. l'abbé* Laurent, *curé de Balan, innocent vieillard si cruellement maltraité ; de M. l'abbé* Delétang, *curé d'Aubigny, qui mourut des suites de ses blessures, etc., etc. (1)*

Dans notre travail, nous avons été beaucoup aidé par les renseignements que nous ont fournis nos confrères, par l'ouvrage de M. Diancourt, *auquel nous faisons de nombreux emprunts d'une grande valeur, à raison du talent et de la position de l'auteur (2) ; par le* Bulletin du Diocèse. *Nous laissons au journal le mérite de ses articles, mais nous les groupons dans un même volume qui sera à la portée de tous, et surtout des enfants des écoles. Nous avons rappelé, soit dans le texte, soit dans des notes, le plus de noms propres possible, pour l'honneur des personnes et des familles. Toutefois, à notre grand regret, nous avons dû résumer et résumer encore les récits, et ne prendre que le plus important des pièces et des documents que nous avons eus dans les mains ; autrement notre travail aurait pris de trop grandes proportions : il n'aurait plus alors été populaire. Seulement, nous avons toujours indiqué avec soin les sources et les*

---

1. *Nous conservons ces pièces précieuses, avec l'intention de les déposer à la Bibliothèque de l'Archevêché.*

2. Les Allemands à Reims, *par V.* DIANCOURT.

ouvrages, comme le Bulletin du Diocèse, où l'on pourra trouver le complément de notre Livre d'Or.

La lecture des pages que nous livrons au public prouvera qu'en France, et en particulier dans le Diocèse de Reims, durant la désastreuse guerre de 1870-71, nous avons été aussi nobles, aussi généreux que nous avons été humiliés et rançonnés.

Le travail que nous avons été si heureux d'entreprendre pour la gloire du diocèse, devait être fait par Mgr Tourneur, qui en avait été chargé. Ses nombreuses occupations, ses longues souffrances ne lui permirent pas de réaliser les désirs de Son Éminence Mgr l'Archevêque. Tout le monde le regrettera. Mgr Tourneur aurait fait un véritable Livre d'Or.

Première Partie.

LES DÉVOUEMENTS.

SECOURS ET SOUSCRIPTIONS. — AMBULANCES. OTAGES.

La guerre de la France avec la Prusse était
» prévue depuis longtemps, mais peu de per-
» sonnes s'attendaient à la voir aboutir à
» l'humiliation et à la ruine de notre patrie.
» Affolée de sa renommée militaire, comptant
» sur sa proverbiale énergie, croyant, sur la parole des minis-
» tres, que tout était prêt, cinq fois prêt, *« qu'il ne manquait*
» *pas un bouton aux guêtres de ses soldats »*, la France se per-
» suadait que la victoire ne pouvait déserter son drapeau, et
» qu'elle saurait bien retrouver le chemin d'Iéna et d'Auers-
» tædt. Elle acceptait, *« d'un cœur léger, »* la lutte terrible qui
» s'engageait.

» Erreur et présomption ! nous n'étions pas prêts ; tout nous
» manquait, tandis que, de la part de la Prusse, rien n'avait
» été oublié. La Prusse, unie aux États allemands, qu'elle
» commande à son gré depuis Sadowa, venait à nous avec des
» armées triples ou quadruples des nôtres, et avec une force
» d'artillerie, de cavalerie et d'organisation jusque-là sans
» exemple. Elle s'était préparée sans que la France le sût, ou
» plutôt sans que notre gouvernement voulût s'en enquérir.
» On se disait : « La Prusse ne pourra nous opposer que peu
» de monde, » alors qu'elle disposait de deux millions d'hommes.

» La triste réalité se montre bientôt, et par une coïncidence
» qui n'est pas sans enseignement, le jour où le drapeau fran-
» çais cesse de flotter sur le Vatican, s'ouvre pour nous une
» ère de désastres et d'humiliations inouïes : Wissembourg,
» Reischoffen, Freschwiller, sont témoins de nos défaites
» tout en témoignant du courage et de la bravoure de nos

M. S. DAUPHINOT,
MAIRE DE REIMS EN 1870.

» soldats, combattant un contre trois, et souvent un contre
» cinq.

» Viennent ensuite les sanglantes batailles de Borny, Don-
» court, Mars-la-Tour, Gravelotte, Saint-Privat, qui laissent
» les champs couverts de morts et de blessés.... Quelques
» semaines s'étaient à peine écoulées, et le flot des envahis-
» seurs poussait devant lui nos soldats débandés.

» La patrie était en danger. Il fallait voler à son secours
» et improviser ce qui n'avait pu être établi. Il fallait se
» préoccuper du sort de nos pauvres blessés, et orga-
» niser rapidement des ambulances d'un bout du pays à
» l'autre (1). »

Une conséquence de la guerre fut la cessation du travail, et par conséquent la misère, l'affreuse misère pour les ouvriers, surtout dans les villes. Tout était donc à faire ; la charité se mit à l'œuvre. On dressa à Reims des listes de souscriptions pour les ouvriers malheureux ; on établit des fourneaux économiques ; on organisa des secours pour les soldats blessés et pour leurs familles. De toutes parts des ambulances furent établies et desservies par des personnes généreuses.

Ce ne furent pas les seuls actes de dévouement dont la ville de Reims fut le témoin. L'autorité allemande exigeant, pour la sécurité de ses soldats, que des citoyens de la cité fussent désignés pour monter sur les locomotives, M. le Maire s'y refusa, mais il offrit d'y monter lui-même ; son noble exemple fut suivi par les membres du Conseil municipal et d'autres habitants qui donnèrent leurs noms et que nous serons heureux de signaler. Pour être à même d'entrer dans plus de détails, et surtout dans des détails locaux et personnels, nous divisons cette première partie en trois : *Secours, Ambulances, Otages.*

---

1. D'ARSAC, *les Frères des Écoles chrétiennes pendant la guerre de 1870-71*, page 1.

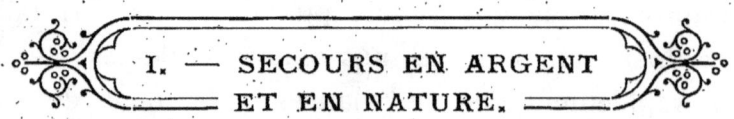

I. — SECOURS EN ARGENT ET EN NATURE.

La misère a Reims ; souscriptions : A. — en faveur des ouvriers sans travail ; B. — des familles des soldats et des mobiles ; C. — des soldats prisonniers en Allemagne ; D. — des soldats blessés.

A. *Souscriptions en faveur des ouvriers sans travail.* — Nous laissons la parole à M. Diancourt : il a eu en mains tous les renseignements officiels ; nous ne saurions aussi bien dire. « Le Conseil avait fait tout ce qui était possible pour assurer la continuation du travail industriel ; et dans une certaine mesure, il y avait réussi. Malheureusement tous les ouvriers n'étaient pas appelés à recueillir le fruit de ses efforts. Beaucoup d'entre eux, notamment ceux de la fabrique de nouveautés et du bâtiment, étaient sans travail et la plupart sans ressources. Ceux qui avaient amassé quelques économies les voyaient fondre dans leurs mains ; la misère devenait générale.

» Le 12 septembre, le Conseil nomma une commission qu'il chargea d'étudier avec l'administration les voies et moyens de venir en aide aux ouvriers privés d'ouvrage. Un recensement fait par ses soins constata que, dans l'industrie des laines, trois mille ouvriers des deux sexes étaient inoccupés, et que la plus grande partie de ceux appartenant aux autres corps d'état étaient dans le même cas.

» Afin de trouver du travail aux hommes valides, on ouvrit des chantiers dans le troisième canton, pour la démolition d'une portion des anciens remparts et pour quelques travaux de voirie. On vota successivement un crédit de 94.000 francs et un autre de 17.000 pour ce double sujet.

» En même temps, on augmentait de 8.000 francs le crédit affecté au salaire des ouvriers âgés ou invalides, occupés par le Bureau de Bienfaisance, et dont le nombre était quadruplé.

» De concert avec la *Société de Saint-Vincent de Paul*, on ouvrit sur divers points de la ville des *fourneaux économiques* dont les rations, potage ou légumes, étaient livrées au prix de 5 centimes aux consommateurs. Le Conseil alloua une somme de 7.781 francs pour leur installation et leur mise en activité.

» On décida que chaque jour il serait distribué dans les écoles cinq cents de ces rations aux enfants les plus nécessiteux.

» La crise se prolongeant, le flot de la misère montait toujours. A la fin d'octobre, le Bureau de Bienfaisance secourait cinq mille familles ; en décembre, il dut venir en aide à six mille six cent vingt-six ménages, comprenant vingt et un mille six cent cinquante individus, plus du tiers de la population de Reims à cette époque.

» Les distributions de pain qui, en temps normal, ne dépassaient pas le chiffre de 30.000 pains par mois, portées à 60.000, ne devaient pas s'arrêter là. La dépense, prévue au budget du Bureau de Bienfaisance pour 27.000 francs, avait atteint au 31 décembre, par des suppléments successivement votés, la somme de 126.565 fr. 69. Elle monta à la fin de février à 153.621 francs.

» Au pain si largement distribué, on ajoutait des bons de fourneaux économiques : 44 505 en octobre; 158.810 en novembre; 98.935 en décembre; 131.800 en janvier; 66,475 en février.

» Les ressources normales du Bureau de Bienfaisance étaient depuis longtemps épuisées ; celles de la ville, taries par les exigences de l'ennemi, étaient hors d'état de faire face à de tels besoins ; la Commission proposa de faire appel à la générosité des habitants. Il y avait dans cette crise un sentiment de solidarité entre toutes les parties de la population dont la moitié, si elle se prolongeait, allait pourvoir aux besoins de l'autre moitié.

» Le Conseil décida qu'on ouvrirait des listes où tous les habitants en situation de venir en aide aux autres, seraient invités à s'inscrire pour une somme qu'ils s'engageaient à verser chaque semaine jusqu'à la reprise du travail. Le Conseil avait d'abord décidé la publication des listes de *souscription ;* mais il revint sur cette détermination et renonça à la publicité pour éviter toute apparence de pression sur les souscripteurs. Le chiffre de ces engagements, pris par la générosité publique, s'éleva à 13.400 francs par semaine (1). »

B. — « La bienfaisance publique avait mis encore entre les mains de l'Administration un capital qui permit de soulager quelques infortunes particulièrement dignes d'intérêt. Au début de la guerre, une souscription avait été ouverte par la Mairie pour venir en aide aux *familles des militaires et des mobiles* appelés sous les drapeaux. Le total des listes, en tête desquelles la ville s'était inscrite pour 10.000 francs, avait donné environ 45.000 francs. Une Commission de répartition de secours avait commencé à fonctionner en août. Elle continua son œuvre pendant toute la durée de la guerre ; et grâce à une subvention supplémentaire de 5.000 fr. qui lui fut accordée par le Conseil, elle put maintenir jusqu'à la fin de mars 1871 l'aide qu'elle avait donnée à plus de 400 familles. C'était une répartition d'environ

---

1. Le produit total de la souscription, qui fut perçu jusqu'à la fin du mois de mars, donna la somme de 256.637 fr. 07, qui fut employée pendant la même période jusqu'à concurrence de 223.974 fr. 75. L'excédent, 32.662 fr. 32, fut réservé comme fonds de secours pour des dépenses d'assistance dans des moments de crise, emploi qu'il a reçu ultérieurement.

1.500 francs par semaine, en espèces, qui venait s'ajouter aux subsides en nature fournis par le Bureau de Bienfaisance. »

C. — « Afin de compléter ce rapide aperçu des efforts faits par la générosité du public pour venir en aide à toutes les infortunes, il faut rappeler ce qu'elle fit en faveur de nos *soldats prisonniers en Allemagne*. Des lettres navrantes parvenaient aux familles qui avaient des enfants parmi ces malheureux, insuffisamment nourris, mal logés et mal vêtus (beaucoup de mobiles, par cet hiver rigoureux, grelottaient sous leurs uniformes d'été). La nostalgie de la patrie, ennemie de la captivité, et les maladies faisaient des ravages terribles. Il fallait que les secours, pour ne pas arriver trop tard, fussent immédiats : ils le furent. Un comité, qui avait M. F. Warnier à sa tête, s'était spontanément constitué ; son premier appel avait paru dans les journaux de Reims le 26 décembre, et dès les premiers jours de janvier un envoi de 6.000 chemises de flanelle et de 2.000 couvertures était dirigé sur l'Allemagne. Les autres expéditions se succédaient à intervalles rapprochés ; le dernier envoi, le plus considérable, qui ne comportait pas moins d'une quarantaine de caisses, partit accompagné par un de nos concitoyens, M. P. Delius, qui le remit à Wiesbaden entre les mains du maréchal de Mac-Mahon, lequel se chargea d'en faire la répartition. On peut estimer à 150.000 francs la valeur des objets offerts à nos soldats malheureux par la ville de Reims, qui avait tant de misères à soulager chez elle. Chacun avait tenu à honneur d'apporter son offrande ; ceux qui ne pouvaient donner de l'argent envoyaient des vêtements ; les fabricants et les négociants donnaient des pièces d'étoffe pour la confection desquelles les ouvrières offraient leur travail. »

D. — « Cette revue rapide des actes de bienfaisance collective qui honorèrent la population rémoise, serait incomplète, si nous passions sous silence ce qui se fit pour l'organisation et le fonctionnement des ambulances. Les soins à donner aux victimes de la guerre, sans distinction de nationalité, sous le pavillon neutre de l'humanité, suscitèrent des actes de dévouement et un élan de générosité dont le souvenir doit être conservé (1). »

« La guerre venait d'être déclarée, le sang français allait couler. Reims, en raison de sa proximité des prochains combats, devait se mettre en mesure de porter les premiers secours.

» Dès le début de la campagne, la *Société française de Secours aux Blessés militaires*, qui avait son siège à Paris et que présidait le Comte de Flavigny, avait envoyé à Reims un délégué, M. de Richecourt, avec mission d'y organiser un comité sectionnaire. Le 20 juillet, une réunion préparatoire, composée de quelques hommes dévoués, arrêtait en principe la création de ce comité et en constituait provisoirement le bureau (2).

Le *Bulletin du Diocèse*, le 30 juillet, insère la note suivante, relative à cette société de *Secours aux Blessés des armées de terre et de mer* : « Pendant que d'un côté on reproche à cette société de ne pas faire assez parler d'elle, et que de l'autre elle fait, dit-on, trop de bruit et pas assez de besogne, elle poursuit consciencieusement son œuvre et ne veut répondre aux critiques que par des faits (3). »

Pour soutenir efficacement ce mouvement national, il faut de l'argent. Le 13 août, M. l'abbé Baye annonce dans le *Bulletin du Diocèse* qu'une souscription y est ouverte pour les

---

1. Ouvrage de M. DIANCOURT : *les Allemands à Reims*, p. 49 à 53.
2. *Id.* p. 55.
3. *Bulletin du Diocèse*, 30 juillet 1870 ; importantes explications.

secours à l'armée ; il accompagne cette annonce d'une chaleureuse lettre : « Le patriotisme, la religion et la charité font battre, en ce moment, le noble cœur de la France. Avant de voler à la frontière, nos vaillants soldats se pressent dans nos églises pour invoquer le Dieu qui leur donnera la victoire, et la nation entière accompagne de ses vœux, de ses prières et de ses dons ceux qui n'hésitent pas à verser leur sang... En ce moment, chacun fait son devoir : capitaines et soldats, prêtres et laïques, hommes et femmes, tous veulent concourir au succès de la grande cause qui va se débattre et travailler au triomphe de la patrie. Il suffirait de redire, en simple narrateur, ce qui se passe chaque jour sous nos yeux pour ajouter une magnifique page à l'histoire de la France et de l'Église. Quant à notre diocèse de Reims en particulier, nous pouvons enregistrer de nombreux actes de patriotisme et de charité. C'est ainsi que plusieurs prêtres, appartenant à notre clergé diocésain, ont sollicité le périlleux honneur d'accompagner nos soldats en qualité d'aumôniers. Un grand nombre de Dames se préparent à se faire volontairement *Sœurs de Charité* pour soigner les blessés ; les dons patriotiques affluent de toutes parts. En ville, à la campagne, on recueille du linge, on fait de la charpie, et déjà plusieurs paroisses, notamment Dizy et Saint-Souplet, en ont fait des envois considérables soit à l'Archevêché, soit à la Sous-Préfecture. C'est une explosion générale de patriotisme et de charité qui se communique à tous, à l'enfance elle-même ; ainsi les élèves de diverses institutions renoncent volontiers à leurs pacifiques couronnes et en versent le prix dans la caisse de l'armée : cette résolution a été prise spontanément par les élèves des petits séminaires de Reims et de Charleville, par ceux du collège de Notre-Dame de Rethel, par les pensionnaires de l'Enfant-Jésus, de la Congrégation etc., etc.

» Enfin Monseigneur l'Archevêque prend l'initiative d'une *souscription* qui est, à partir de ce moment, ouverte dans le *Bulletin* et dont nous publions la première liste dans le présent numéro. Par la voix de Son Excellence, c'est la Religion et la Patrie qui font un appel à la charité et au patriotisme de tous : tous voudront y répondre (1). »

La liste des souscriptions produisit 5.700 en y comprenant les 700 francs que Mme la Supérieure de l'Enfant-Jésus avait remis directement à M. le Maire de la ville de Reims; car les journaux de la cité avaient également ouvert une souscription. Ainsi, en quelques jours, le journal l'*Indépendant rémois* reçut plus de 15.000 francs (2).

Le comité rémois de la *Société française* n'était pas resté inactif de son côté. A peine constitué, il avait fait à la générosité et au patriotisme des habitants de Reims et de son arrondissement, un chaleureux appel qui avait été entendu. Les dons de toute nature, vêtements, linge, charpie, literie, étaient arrivés abondamment de la ville et des campagnes. L'argent non plus n'avait pas fait défaut. Les recettes, en y comprenant une douzaine de mille francs reçus de l'étranger, avaient atteint en novembre le chiffre considérable de 131.856 francs; sur cet actif, une somme de 110.434 francs avait reçu un emploi que nous allons sommairement indiquer.

« Disons tout d'abord que le comité local, qui avait pris l'initiative de la souscription par l'*Indépendant*, avait uni ses efforts à ceux du comité rémois de la *Société française de Secours*, et que le personnel des deux groupes s'était fondu en un seul bureau d'administration (3). »

---

1. *Bulletin du Diocèse*, N° du 13 août 1870.
2. Listes de souscriptions, *Pièce justificative* A.
3. Ouvrage de M. Diancourt, p. 56.

Pour compléter la longue énumération des sacrifices que

Mme DE BOHAM
SUPÉRIEURE DES RELIGIEUSES DE L'ENFANT-JÉSUS.

durent s'imposer les habitants de Reims, nous devrions dire également ce qui se passa dans les autres parties du diocèse.

Nous en avons déjà parlé en citant les dons en nature envoyés à Reims de plusieurs points de la contrée; la liste des souscripteurs prouve également la part prise par tous les diocésains; toutefois nous devons une mention spéciale pour *la ville de Sedan,* qui fut aussi généreuse qu'elle fut éprouvée. Écoutons M. *Rouy,* qui a laissé une page célèbre sur ces dévouements. Au milieu des préoccupations les plus graves, le Conseil municipal, le 29 juin 1870, s'occupe des dons et offrandes à recueillir, met 500 lits à la disposition de l'administration militaire, organise les ambulances et fait un nouvel appel pour réunir le plus possible de fournitures de literie, matelas, linge, etc. Des Dames de la ville ouvrent une souscription en nature, destinée à fournir à titre de prêt aux hôpitaux et aux ambulances les objets de première nécessité.

Un nouveau Conseil municipal est élu, installé le 27 juillet; il s'occupe immédiatement des approvisionnements; il ordonne aux boulangers d'en avoir pour douze ou quinze jours chez eux et à la halle pour trois semaines, et garantit ces provisions contre tout pillage. Le Conseil achète pour 21.000 francs de farine, vote une somme de 1.000 francs pour location et aménagement d'étables pour les bœufs achetés. Il vote 7.000 francs pour achat de 15.000 kilos de riz, 500 francs pour 25 sacs de sel, etc. Il veille avec un soin très grand à préserver la ville de la peste, obtient qu'elle ne sera pas livrée au pillage; mais que vont devenir les habitants? la famine est à leur porte, il n'y a plus que pour deux jours de vivres! Le Conseil municipal n'hésite pas un instant; il faut des vivres et de l'argent.

MM. *Benoît* aîné et *de Guer* acceptent d'aller de suite en Belgique faire les achats nécessaires, et comme la caisse municipale est vide, une somme de 60.000 francs est réunie et remise à ces deux généreux citoyens (1).

Un autre conseiller obtient de l'autorité militaire française la permission de faire passer de Mézières à Sedan un convoi de vivres, de médicaments et des ambulances. Il accompagna le convoi et fut plus heureux qu'un jeune médecin qui, muni d'un sauf-conduit prussien, tenta la même entreprise et fut lâchement tué dans les environs de la place. La disette sera épargnée à la ville. Un nouvel appel de fonds est devenu nécessaire. La banque de MM. *Verseron, Fage et Deloche* fournit 10.000 fr. Cette somme est employée à l'acquisition de farine, avoine, foin, paille, etc. Deux délégués partent le 9 septembre pour se procurer en Belgique ces approvisionnements indispensables. Le 11 septembre, le Conseil informe les habitants qu'une taxe serait imposée aux Sedanais qui, ayant quitté la ville en grand nombre, étaient cependant tenus aux charges qui avaient pesé sur les personnes, à raison des logements ou des séjours des blessés.

Les réquisitions deviennent de plus en plus pressantes et impérieuses, faites le sabre au poing. Le Conseil, le glaive dans le cœur, satisfait à toutes les exigences. Cependant la Banque de France, la Recette des finances n'existaient plus ; la Caisse municipale était vide ; les dépenses, quotidiennes ; les ouvriers, occupés à exécuter les ordres de l'autorité allemande ; les fournisseurs, les voituriers requis, exigeaient un roulement toujours croissant de fonds. Heureusement, deux conseillers et le receveur municipal avaient pu obtenir de la Recette générale, au

---

1. Elle se composait ainsi : 20.000 francs par MM. Ch. Verseron, S. Fage et J. Deloche, banquiers, — 20.000 par MM. Congar et Cie, banquiers ; — 10.000 par M. Aug. Philippoteaux, avocat ; — 10.000 par MM. Raux, manufacturiers. Le Conseil reconnut ces prêts et s'engagea à les rembourser avec intérêts, aussitôt que possible.

compte de la ville, 200.000 francs, dont 60.000 en espèces et 140.000 en bons du Trésor. Mais les délégués en avaient emporté de suite 180.000 pour achats de première nécessité à faire à Bruxelles... Les 20.000 francs restants ne pouvaient suffire. M. Jacquelin Michel, conseiller, avança 10.000 francs.

Le 14 septembre, le Conseil est encore obligé de communiquer aux habitants l'ordre pénible reçu de l'autorité allemande, exigeant de suite 2.197 matelas, 2.559 traversins, 2.155 couvertures. Les réquisitions de voitures, onéreuses par elles-mêmes, le deviennent surtout par l'exigence avec laquelle elles étaient demandées. Le maire de Sedan est arrêté chez lui, mais il se constitue lui-même prisonnier, parce qu'une voiture demandée n'était pas arrivée à l'heure désignée. L'arrestation ne fut pas maintenue. Mais le mécontentement était général. Les Allemands le comprirent et firent apporter par les Sedanais les armes et munitions qu'ils possédaient.

Les réquisitions se succèdent : l'argent manque de nouveau. Les banquiers ne peuvent plus en fournir ; on se résigne à envoyer un délégué à Mézières pour demander encore 150.000 francs à la Recette générale. Ils sont employés à acheter des denrées. Le Conseil s'occupe de la reprise du travail, dont l'absence complète était une cause de misères et de ruines, comme l'écrivait M. le Maire de Sedan, le 11 décembre, au moment où il demandait en vain des ménagements au Sous-Préfet. Il lui énumère les dépenses subies par une population de 13,000 habitants, s'élevant à plus de 5 millions. Les détails sont donnés dans l'ouvrage de M. Rouy avec tous les documents authentiques : nous sommes obligé d'abréger pour étudier les dévouements dans les *Ambulances*.

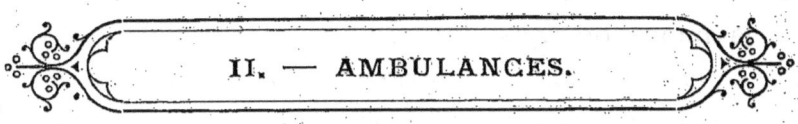

II. — AMBULANCES.

DANS LA VILLE DE REIMS.

La Religion rend toujours les sacrifices plus faciles ; elle tempère les tristesses les plus amères. Mère tendre et pleine de sollicitude, elle prépare la couche de ceux qui souffrent, s'assied à côté d'eux le jour et la nuit ; elle cherche tous les moyens de les consoler, de les soulager, de les guérir. Elle est l'ange, le soutien de l'humanité, dont elle panse les plaies ; pour cela, elle fait appel à tous ceux qui ont le cœur généreux, comme le prouvera l'énumération des ambulances établies dans le diocèse avec tant de soins et de délicatesse. Nous voudrions donner beaucoup de détails, mais nous devons demeurer fidèle à notre résolution de ne pas fatiguer le lecteur par des redites ; cependant nous nous ferons un devoir de signaler toutes les ambulances et toutes les personnes qui les ont desservies avec tant de générosité et de dévouement.

« La première ambulance fut installée dans le voisinage de la gare des voyageurs. Une vaste tente, envoyée de Paris, avait été garnie de lits de campement, et servait de salle de repos aux militaires français de passage, malades ou blessés, qui y trouvaient des soins, des médicaments, des aliments. Le service médical était fait par deux médecins, assistés de deux internes. La *Société de Secours* y était représentée par deux de ses membres, qui s'y tenaient en permanence à tour de rôle pendant vingt-quatre heures.

» On avait organisé en même temps, sur divers points de la ville, dans des établissements publics et chez les particuliers qui l'avaient offert, des ambulances dont l'ensemble ne comptait pas moins de 1.300 lits. Ces préparatifs faits en vue du soulagement de nos compatriotes, furent en grande partie utilisés pour les malades et les blessés ennemis.

» La guerre se prolongeant, les affections épidémiques apparurent. Pour éviter la contagion, on installa dans les terrains de M. Gabreau et de M. Kunkelmann, sur le boulevard Gerbert, des tentes pouvant recevoir environ 150 malades, mais que l'on fut forcé d'abandonner quand la saison devint plus rigoureuse.

» A cette époque on dut concentrer le service sanitaire des malades et des blessés militaires dans quelques grands établissements publics et privés : l'Hôtel-Dieu, dans la période d'août 1870 à juin 1871, en reçut 2.300 ; le petit séminaire 700 ; le lycée 1.300 ; l'usine Villeminat et Rogelet 3.000 ; la salle Chemin 150, etc. (1) »

« Les soins étaient donnés par le corps médical de Reims, assisté d'anciens pharmaciens, qui apportaient à cette œuvre d'humanité le concours de leur expérience. Il faut aussi signaler hautement le dévouement de quelques hommes de cœur qui avaient été les organisateurs ou les auxiliaires infatigables de ces vastes infirmeries improvisées. Nous devons citer en première ligne parmi eux M. Adolphe *Dauphinot*, qui était l'âme de cette généreuse entreprise, et au nombre de ses collaborateurs MM. Ernest *Jullien*, *Duquenelle*, Alfred *Werlé*, *Dubois*, *Fruchard*, et tant d'autres.

» Ils ne se contentaient pas de prodiguer leurs soins à leurs amis ou ennemis ; quand ils avaient eu le bonheur de ramener à la santé des soldats français, ils les aidaient à rentrer dans leurs familles, en leur procurant des vêtements civils et en leur

---

1. Voir le tableau des ambulances de Reims dans l'ouvrage de M. Diancourt.

remettant de l'argent pour la route. Dans les premiers temps de l'occupation, ils purent ainsi rapatrier plus de 500 militaires français. Mais plus la guerre se prolongeait, plus elle devenait impitoyable. Les départs, d'abord autorisés ou tolérés, devinrent furtifs ; et trop souvent on vit avec douleur nos soldats, guéris, ne quitter l'ambulance que pour aller grossir le triste effectif de nos prisonniers en Allemagne.

» Les Dames de Reims ne s'étaient pas désintéressées de ces œuvres de patriotisme et d'humanité. Plusieurs avaient tenu à honneur de s'inscrire sur les listes de la *Société de Secours aux Blessés*. Elles n'en étaient pas les membres les moins actifs. Elles organisaient la lingerie des ambulances, et présidaient à la confection des vêtements et à la distribution des secours.

» Non contentes du soulagement qu'elles apportaient aux malades, elle venaient en aide à nos soldats prisonniers. Dès qu'on signalait le passage en gare de Reims d'un train de militaires français dirigés sur l'Allemagne, elles accouraient, se pressaient autour des wagons à bestiaux dans lesquels on parquait ces malheureux, et leur distribuaient de la nourriture, des vêtements, de l'argent (1). »

Nous avons tenu à transcrire en entier cette page, afin de prouver la part que nous prenons aux légitimes hommages rendus par M. Diancourt aux personnes qu'il nous a signalées, et afin d'enrichir notre *Livre d'Or* de leurs noms. Nous serons de plus en droit de nous étendre sur les *ambulances* de la ville et du diocèse. Nous laisserons autant que possible parler les ambulanciers eux-mêmes.

Pensionnat des Frères.

— Le Directeur des Frères du Pensionnat de la rue de Venise, ayant offert son établissement

---

1. Ouvrage de M. Diancourt, p. 57 et 58.

pour recevoir 200 malades ou blessés, avec l'assentiment de ses supérieurs, qui devaient eux-mêmes donner à Paris de si nobles exemples de dévouement, en reçut d'abord 61, à une heure du matin, le 20 août. Ces soldats venaient de Wissembourg et de Freschwiller. Ils étaient dans le plus triste état, mourant de faim, les habits en lambeaux, épuisés par une marche de cent lieues. Il y en avait de tous les corps : zouaves, turcos, chasseurs d'Afrique, cuirassiers, dragons, artilleurs..... Ils furent reçus et hébergés comme des frères.

Le 21 août, l'armée de Mac-Mahon arrivait à Reims en désordre. Elle campait un peu partout, sur les promenades, dans les champs. L'Empereur et le Prince Impérial suivaient, tristes et abattus ; ils s'acheminèrent, dans un coupé, vers la villa de Mme Senart-Colombier, située à deux kilomètres de la ville. MM. Rouher et Piétri les y attendaient ; Mgr Landriot y vint présenter ses hommages à l'Empereur. Son Excellence, en rentrant dans la ville, ne put cacher la tristesse que cette visite avait répandue dans son âme. Un dernier conseil avait été tenu dans cette maison de campagne ; après de poignantes indécisions, il avait été décidé que l'on reprendrait la route des Ardennes. Le surlendemain, 23 août, l'armée se remettait en marche, recevant sur son passage de nombreuses marques de sympathie mélangée d'inquiétudes. L'allure de quelques régiments, ceux surtout de l'infanterie de marine, excitaient de patriotiques vivats qui se changèrent bientôt en cris de douleur.

« Le 23 août, écrit le Frère Directeur, nous recevons un lieutenant-colonel de cuirassiers et trois officiers, dont un lieutenant d'artillerie qui avait la jambe cassée. L'ambulance, le 25, comptait déjà 183 blessés. Le service s'organise : deux Frères sont attachés à chaque salle à titre d'infirmiers. » Pour ne pas revenir sur cette ambulance, nous continuons la lettre du

Frère Directeur, sans nous préoccuper des dates qui anticipent sur le récit des événements.

« Les offices se célèbrent dans notre modeste chapelle (la nouvelle n'est pas encore bâtie), le dimanche 28 août : tous les soldats valides y assistent avec édification. Rien de touchant

— FRÈRE VICTOR —
VISITEUR ACTUEL DU DISTRICT DE REIMS.

comme la vue de ces braves prosternés au pied des autels ; l'un a le bras en écharpe, l'autre la tête enveloppée ; celui-ci s'appuie sur une béquille, celui-là sur le bras d'un camarade. La singulière bigarrure de leurs costumes produisait un effet saisissant. A leur tête se trouvait le lieutenant-colonel du 8e cuirassiers, appuyé sur le bras du Frère infirmier et priant comme un ange.

» Le même jour, Mgr l'Archevêque vint visiter nos soldats et eut pour chacun d'eux une parole de consolation. Le samedi 3 septembre, nous recevons la visite d'un général français ; il se montre très content des soins que nous donnons aux soldats malades ou blessés... Hélas ! deux jours après, nous sommes encore visités par un général, mais c'est un général prussien. Il paraît enchanté de la maison, où nous recevons d'abord une dizaine de malades allemands. Le mercredi 7, il nous en arrive 171 en une seule journée.

» Je suis obligé d'admirer l'organisation des Prussiens : tout est prévu, tout se passe avec ordre. Je me fâche cependant contre leurs médecins, qui se montrent trop exigeants et veulent tout envahir. Je les menace de me plaindre à leur général, voire même au roi Guillaume... Là-dessus ils rabattent un peu de leur exigence et je me calme (1). »

L'ambulance des Frères a fonctionné du 13 août au 5 novembre. Il y est entré environ 1.500 soldats : 300 français puis 1.200 allemands. La somme des journées de malades est de 15.300 francs. Vingt-huit Frères ont été employés dans les différents services, et, par suite de fatigue, six sont tombés malades, dont deux gravement. Grâce à Dieu, aucun n'a succombé.

Le 8 avril 1871, le Frère Directeur du Pensionnat recevait la lettre suivante :

« Monsieur le Directeur,

» La ville de Reims vous doit des remerciements pour le zèle avec lequel vous avez bien voulu nous donner votre aide dans la gestion des ambulances.

---

1. Lettre du regretté Frère Bajulien, Directeur du Pensionnat, extraite de l'ouvrage de M. d'Arsac, p. 51.

» Je suis heureux de m'associer à la reconnaissance publique en vous priant d'agréer, tant en mon nom personnel qu'au nom de mes concitoyens, l'expression de notre gratitude pour les services rendus par vous à cette précieuse et charitable institution.

» ROME. »

Le désastre de Sedan jeta le trouble dans l'ambulance du Pensionnat. Écoutons encore le Frère Directeur : « Dimanche 4 septembre, journée néfaste ! Dès le matin, on apprend le malheur qui vient de fondre sur la France. Tout ce qui reste à Reims en fait d'administration civile et militaire prend la fuite. On dit les Prussiens à nos portes. L'Intendant militaire, le Sous-Préfet, se retirent sur Soissons, avec les derniers trains de chemin de fer. A huit heures, on fait sauter les ponts du canal et de la Vesle (chemin de fer de Soissons). Tous les habitants sont dans une stupeur indescriptible. Il y a un vrai sauve-qui-peut parmi nos malades. Tous ceux qui sont tant soit peu valides endossent leur uniforme, se chargent de leur sac et essaient de se sauver, ne voulant pas tomber dans les mains des Prussiens. A midi il ne nous reste plus que 20 blessés qui ne peuvent bouger de leur lit. Nous attendons les événements. A trois heures, moment de triste mémoire, 80.000 Prussiens débouchent dans Reims par trois portes différentes. Le défilé, musique en tête, n'a pas duré moins de quatre longues heures. Avant la nuit, l'hôtel de ville, la sous-préfecture, la prison, la poste, le télégraphe, toutes les places, toutes les rues sont occupées par l'ennemi. Vers huit heures, le premier blessé prussien arrive, ou plutôt est apporté dans notre ambulance (1). »

Au même moment où s'ouvrait l'ambulance des Frères, les communautés religieuses organisaient les leurs.

---

1. Lettre du Frère Bajulien. Ouvrage cité.

Grand Séminaire. — Du 22 août au 8 décembre, il y eut une ambulance dans la vaste salle située à droite en entrant dans la cour : on y avait disposé 60 lits. Deux cent cinquante malades ou blessés y reçurent les soins les plus assidus de MM. les Directeurs de la maison, aidés par Mme *Régnier*, la la mère de Mme Chauffert, et M. l'abbé Trihidez.

Petit Séminaire. — L'ambulance de cette maison, du 21 août au 1er octobre, reçut 50 soldats français. Du 1er janvier 1871 au 26 mars, les Allemands exigèrent que l'on mît 200 lits à leur disposition : 700 soldats y furent reçus.

Hôtel-Dieu. — Dès le 19 août, les malades affluent dans cet hôpital. Cinq cents soldats français y reçoivent les soins des Religieuses, et jusqu'au mois de mai 1871 on ne compte pas moins de 1.800 Allemands.

Chapelle de Saint-Vincent de Paul. — Les Messieurs des Conférences de Saint-Vincent de Paul tiennent aussi à avoir une ambulance. A partir du 19 août 1870, a chapelle est transformée en salle d'hôpital ; la Messe même du dimanche est supprimée jusqu'au 1er octobre. Les soins sont prodigués à 50 malades français par MM. Elambert, Leseur, Defforge. La Communion fut apportée, par le chapelain de la chapelle, aux malades qui en exprimèrent le désir.

Bon-Pasteur. — Une ambulance allemande fut établie dans un vaste bâtiment attenant à la Communauté du Bon-Pasteur, et appartenant aux Religieuses de la maison. Ouverte le 8 septembre, elle reçut, jusqu'au 26 mars, 350 soldats. Elle fut de nouveau occupée le 1er mai 1871. Les soins étaient donnés par les Religieuses sous la direction de médecins allemands.

Divine-Providence. — Les Religieuses de la Divine-Providence reçurent également des Allemands du 9 septembre au 11 mars 1871 ; il en entra plus de 200.

FRÈRE BAJULIEN
DIRECTEUR DU PENSIONNAT DES FRÈRES, A REIMS, EN 1870.

Hôpital général. — **Saint-Marcoul.** — **Maison de Retraite.** — **Congrégation de Notre-Dame.** — **Enfant-Jésus.** — **Bethléem.** — **Sœurs de l'Espérance.** — Ces différents établissements offrirent également leurs services. Le nombre des malades toutefois fut forcément restreint, à raison du peu de place et des obligations personnelles de chacune de ces maisons. Plusieurs religieuses reçurent des récompenses.

Les Maisons H. Goulet, Georges Goulet, Roederer établirent aussi des ambulances où furent soignés des Français et des Allemands.

DANS LE DIOCÈSE (Marne et Ardennes).

La partie du diocèse dont nous allons parler, a été tellement maltraitée par les armées allemandes, qu'elle mérite une page spéciale ; aussi nous ne craindrons pas d'entrer dans les détails. Il est difficile de suivre un plan dans la nomenclature des ambulances ; citons-les les unes après les autres, autant que possible dans l'ordre de date de leur établissement et de leur fonctionnement.

Rethel. — Les Frères de Rethel ouvrirent une ambulance le 24 août et reçurent 45 soldats du corps d'armée de Mac-Mahon. D'autres vinrent ensuite ; ils en recueillirent ainsi une centaine. 47 soldats étaient encore à la maison, quand les Prussiens arrivèrent à Rethel. Ceux-ci prirent immédiatement possession des classes, où ils déposèrent 180 de leurs hommes, atteints de diverses maladies, principalement du typhus. L'ambulance a donné l'hospitalité à 800 hommes. Dix Frères soignaient les uns et les autres avec un dévouement remarquable. Ils donnaient à tous des paroles d'encouragement et de consolation. De cruelles épreuves furent le couronnement d'un si beau zèle et de si touchants sacrifices. Neuf des Frères tombèrent malades. L'un d'eux, le Frère Bénonien, mourut victime de sa charité.

En dehors de cette ambulance, il y en eut encore six autres :

entre autres au collège, et chez M. *Purnot*, banquier. M. l'abbé *Pierret*, archiprêtre de Rethel, fit l'impossible pour que l'église de Saint-Nicolas ne fût pas convertie en ambulance.

Beaumont-en-Argonne. — Le plan de ce travail ne permet pas de raconter en détail les circonstances de la bataille de Beaumont, appelée par un Prussien : la *surpreuse* de Beaumont. Nous renvoyons à l'ouvrage de M. l'abbé *Défourny*, alors curé de cette paroisse. Il a tout vu, tout étudié et raconté avec une précision de détails qui charme le lecteur. Énumérons rapidement les actes de dévouement qui signalèrent cet épouvantable épisode de la guerre de 1870.

Le 29 août, les aumôniers et les docteurs de la quatrième ambulance de la *Croix-Rouge* vinrent, pendant le combat de *Bois-des-Dames*, installer leur matériel d'ambulance chez les Sœurs de Beaumont, retournèrent au champ de bataille durant la nuit et ramenèrent les blessés, au nombre de 93, qui furent logés chez les Sœurs et dans l'école de garçons. « Le matin le chirurgien-major divisionnaire, M. La Chronicle, un homme de cœur et qui rendit de grands services après la bataille de Beaumont, nous rejoignit, dit M. l'abbé Défourny, au presbytère, où se rendirent les PP. *Dargand* et *Nouvelle*, revenus épuisés du champ de bataille, et l'abbé Fabre, aumônier officiel dans l'armée, qui fut presque une mère pour les officiers et soldats blessés. »

Le 30 août, à midi 20 minutes, on entend le premier coup de canon de l'armée ennemie ; les Français sont surpris ; un désordre indescriptible se met dans les rangs. Laissons encore parler M. l'abbé Défourny.

« Cinquante mille hommes sont là avec plusieurs batteries tirant sur les campements français. En face de ce centre solide et compact, et pour résister à ce premier choc, il y avait la division *Goze*, formée des brigades *Saurin* et *Nicolas*, avec les quatrième et dix-neuvième bataillons de chasseurs, et une artillerie qui ne put être mise en œuvre, sauf deux canons vers la fin de cette première action : on eut peine à trouver cinq mille hommes.

» Cinq mille homme contre cinquante mille ! et pas de généraux, pas d'artillerie, pas de commandement ! Les Français

Mme DE BEFFROY
FONDATRICE DES RELIGIEUSES
DE LA DIVINE-PROVIDENCE, A REIMS.

tinrent cependant pendant une heure et demie devant le formidable centre de l'armée du Prince de Saxe. Nous sommes heureux de constater le courage de ces nouveaux Gédéons. Le capitaine d'artillerie prussien *Wermelschirsch* avoua que le soir les Français lui avaient blessé plus de onze cents hommes. Le soir, au presbytère changé en ambulance, sur 24 Prussiens, il y avait 14 officiers dont un général, qui mourut la nuit même.

A la mairie était un autre général et plusieurs officiers prussiens, ainsi que dans les maisons particulières.

» La petite troupe française paya cher les pertes infligées aux ennemis. Dans une seule salle de l'ambulance des Sœurs,

MÈRE ANGÈLE
SUPÉRIEURE DES RELIGIEUSES DE L'ESPÉRANCE.

on comptait le soir 27 officiers français, parmi lesquels M. de Béhagle, le commandant Mathys, le commandant de Lacvivier et le commandant Bonnet. Ce dernier était dans l'église, couché sur de la paille étendue sur le marche-pied de l'autel. Les deux autres étaient également étendus sur de la paille, l'un dans une grange, l'autre dans une salle des Sœurs, mais séparée de l'ambulance.

» Un peu après trois heures, les soldats du corps *Failly* sont délogés des hauteurs de la *Sartelle*, des *Minières*, de la *Harnoterie*, après plus de deux heures de résistance, sous le commandement du général de Fontanges. A quatre heures, lorsque la victoire était assurée, un bataillon du quatrième corps d'armée prussien entra à Beaumont. Alors commença la guerre aux vieillards, aux femmes, aux enfants, que protégeaient cependant les prescriptions les plus claires du *Droit des Gens secondaires*.

» Du mardi 30 août au vendredi 2 septembre, c'est-à-dire pendant quatre jours, toutes les personnes inoffensives et sans défense de Beaumont furent sans pain et à peu près privées de nourriture. Elles étaient même privées d'eau, les Prussiens interdisant l'accès des puits. Ils étaient maîtres ; aussi s'étaient-ils emparés de tout dans la commune. Les docteurs de la quatrième ambulance, les médecins français, etc., manquèrent également de pain.

» La soir de la retraite des Prussiens, les blessés arrivent en grand nombre. Le pays n'est plus qu'une ambulance : sur 400 maisons, 300 reçoivent des malades. Il faut même envoyer les blessés aux alentours. 9.000 hommes ont été blessés en cette triste journée, dont 6.000 Prussiens. Le nombre des morts allemands ne sera jamais connu, car ils furent enfouis la nuit même par les leurs.

» L'église de Beaumont, jonchée de paille imprégnée de sang, reçut plus de 500 blessés. Le curé de Pouilly, en compagnie du docteur Davila, était sur le champ de bataille dès cinq heures du matin, remplissant les fonctions de son ministère. M. l'abbé Défourny confessa de quatre heures du soir à minuit. Deux aumôniers catholiques allemands arrivèrent le même soir et remplirent leur ministère en même temps que les aumôniers français. Le sang versé en ce jour, dit M. le curé de Beaumont, rappelant la parole de saint Pierre, aida au salut d'un grand nombre d'hommes.

» Il y aurait bien des épisodes à raconter, bien des noms à citer, bien des actes de cœur à mettre en relief, ainsi que bien des supplications adressées, en plusieurs fois, par M. Défourny au commandant de place, pour obtenir les honneurs militaires pour certains officiers supérieurs conduits en terre.

» Parmi les personnes qui se distinguèrent le plus, citons le docteur *Moynac*, qui, pendant les quatre-vingts jours qui suivirent la bataille, édifia tout le pays ; l'abbé *Fart* et l'abbé *Favre*, et tous les paroissiens qui exercèrent la charité en soignant les blessés prussiens ; ils n'ont attenté à la vie d'aucun de leurs ennemis, les Prussiens n'ont attenté à la vie d'aucun d'eux. Nous avons eu quinze jours de famine, de pillage, de réquisitions; le *Rinderpest*, le typhus des hôpitaux, qui a enlevé une vingtaine de paroissiens; l'épouvante, le découragement qui en ont tué autant. Nous n'avons payé qu'une dizaine de mille francs en espèces et à l'heure où j'écris ces lignes (décembre 1870), on ne nous demande que 65.000 francs, ou 50 francs par tête, pour tenir lieu des contributions indirectes que le Gouvernement ne perçoit pas (1). »

Mouzon. — Le soir de la bataille de *Beaumont*, 1.000 Prussiens furent transportés à *Mouzon*. A la *Thibaudière*, on conduisit 150 Prussiens dès la première attaque, 80 à *Létanne* ; il y en eut à *Sommauthe*, à la *Besace*, à *Raucourt*, à *Yoncq*, à *Grésil*, dès le même soir. Nous laissons la parole à une religieuse qui, le 7 février 1871, raconte au R. P. Étienne, son Supérieur,

---

1. Ouvrage de M. Défourny, déjà cité.

ce qu'elle a vu et ce qu'elle a fait lors des événements qui se passèrent à *Mouzon*, dans le mois d'août 1870. Elle était à l'Hospice civil de la ville ; nous ne donnons que quelques extraits (1).

« Vous me demandez le précis des faits qui se sont passés ici lors de l'invasion allemande ; mais les désastres bien plus grands que d'autres maisons de nos Sœurs ont éprouvés, nous faisaient taire nos propres souffrances ; aussi, nous n'en aurions jamais parlé s'il n'y avait quelque ingratitude à passer sous silence la protection dont la Sainte Vierge a couvert notre petite ville qui s'honore de l'avoir pour patronne, et qui, de temps immémorial, a placé sa statue sur sa porte principale et dans ses murs.

» Le dimanche, 28 août, pendant la grand'messe, quatre éclaireurs prussiens paraissaient à l'entrée de *Mouzon*. L'un d'eux entre et, s'adressant à un jeune enfant, s'informe s'il y a de la garnison dans la ville : il reçoit une réponse négative et disparaît avec ses camarades. La peur commence alors à glacer les habitants ; l'église était déserte avant la fin du Saint-Sacrifice ; nos jeunes gens se dirigent en toute hâte vers *Sedan* pour n'être pas forcés de servir l'ennemi, et plusieurs personnes vont chercher leur sûreté à la frontière belge.

» Le lundi, eut lieu le passage de l'armée de Mac-Mahon se dirigeant vers *Montmédy*, et le mardi celui de l'Empereur, qui laissait la fraction commandée par de Failly en campement à *Beaumont*, village situé à huit kilomètres d'ici. C'est là que nos soldats furent attaqués à l'improviste, se défendirent comme ils purent, et battirent en retraite jusqu'à *Mouzon*.

---

1. Voir la lettre de cette religieuse de Saint-Vincent de Paul dans le *Bulletin du Diocèse*.

» Notre artillerie se plaça sur les hauteurs qui dominent la rive droite de la Meuse, et les batteries prussiennes prirent position à gauche du fleuve. Le combat se réduisit à une canonnade effroyable ; les batteries se répondaient sans interruption,

L'AMBULANCE.

et on distinguait à chaque instant le bruit des mitrailleuses qui semblaient balayer les rangs ennemis. Déjà nous étions encombrés de blessés de Beaumont, et une pluie de feu tombait sur notre ville. L'hospice, placé au centre, reçut l'un des premiers obus, qui perça le mur de la galerie et vint éclater dans le corridor où gisaient sur la paille nos soldats mutilés. Deux d'entr'eux en reçurent une blessure grave, et cela au moment où deux Sœurs passaient et devaient être aussi frappées, sans une de ces protections providentielles qu'on admire et qui consolent.

» L'église paroissiale, les écoles et l'hospice étaient tellement remplis qu'on ne pouvait marcher que sur des soldats. Nos vieillards, hommes et femmes, apportaient à l'envi leurs matelas et leurs couvertures à nos pauvres soldats ; en un clin d'œil, il ne resta plus dans nos salles et nos dortoirs qu'une simple paillasse, encore se reprochait-on de la garder.

» Dès le début du combat, une multitude affolée s'était réfugiée à l'hospice ; elle passa toute la nuit dans la chapelle, en priant et en se préparant à l'épreuve du lendemain. En effet, le feu recommença avec le jour. L'armée de Mac-Mahon s'était portée à *Sedan* pendant la nuit, mais une fraction du corps de Failly était restée pour garder le pont et retarder l'ennemi. A sept heures du matin, nos troupes en pleine déroute fuyaient vers *Sedan*, et les Allemands prenaient possession de *Mouzon*. 100.000 Saxons, sous les ordres du Prince Georges, vinrent se loger avec les chevaux dans une petite ville de 2.500 habitants ; cette disproportion peut faire juger du désordre et de la confusion dont nous fûmes témoins.

» La plupart de nos Enfants de Marie, n'osant rester dans leur maison dont l'encombrement était de nature à effrayer les plus braves, s'étaient constituées nos infirmières. Aussi la Sainte Vierge voulut-elle nous marquer qu'elle était satisfaite de sa petite famille en choisissant une élue parmi ces âmes dévouées. L'une d'elles fut atteinte de la petite vérole et mourut dans l'hospice après huit jours de maladie. »

Pourru-Saint-Remi (Ardennes). — « Dans la journée du 30 août, dit M. d'Arsac, le 5ᵉ corps de l'armée française, sous les ordres du général de Failly, reçoit la mission de couvrir le passage de la Meuse à *Mouzon ;* sans doute, nos troupes fatiguées ne purent se porter assez vite sur les hauteurs de Beaumont. Elles bivouaquèrent dans un bas-fonds lorsqu'elles furent surprises par l'ennemi, écrasées toutefois avec des pertes relativement peu considérables. Il y eut une panique suivie d'un sauve-qui-peut général ; l'armée de Châlons suivit la route de *Sedan.*

» Les classes de Pourru-Saint-Remi avaient été disposées en ambulances. Dans la nuit du 30 au 31 août, elles furent encombrées de malades et de blessés, auxquels les Frères seuls, en l'absence des médecins, prodiguèrent tous les soins que réclamait leur position.

» Le 31 août, quelques uhlans entrèrent dans Pourru ; une centaine de soldats français, qui n'avaient pas suivi leur corps, se déployèrent en tirailleurs et firent feu sur les éclaireurs Prussiens. Ceux-ci prirent la fuite, bride abattue, mais pour revenir, une heure après, accompagnés de chasseurs à pied ; à leur apparition, les Français se sauvèrent dans les bois des environs : les traînards tombèrent aux mains des Allemands. Deux de ces malheureux avaient été blessés mortellement ; ils expirèrent dans l'ambulance.

» Les Allemands trouvèrent le bourg de Pourru à peu près désert. Les habitants en grande partie, les hommes et les jeunes gens surtout, avaient gagné les forêts voisines de la Belgique. L'irritation des Prussiens était extrême ; ils avaient soif de vengeance. L'humanité cependant leur interdisait toutes représailles sur des vieillards, des femmes et des enfants.

» Les chasseurs emmenèrent le Frère Directeur jusqu'à

Brévilly, en l'accablant d'outrages. Le commandant de l'escorte manifesta ensuite l'intention de mettre le feu à Pourru. Il annonça que de minutieuses perquisitions allaient être faites, et que, dans le cas où on trouverait des armes, le Frère Directeur serait fusillé.

» En l'absence du maire de la localité, qui, lui aussi, avait disparu, le Frère fut requis d'avoir à procurer des vivres à l'armée du Prince de Saxe.

» M. *Lescaillon*, contre-maître aux forges de Brévilly, ayant favorisé la fuite de quelques soldats français, se vit, à cause de cet acte de patriotisme, condamné à mort par les Prussiens. Conduit dans les prisons de Sedan, il comptait déjà les heures qui lui restaient à vivre. Mais le Frère Directeur de Pourru intervint en sa faveur ; à force de démarches et d'instances auprès des autorités allemandes, l'infatigable religieux put délivrer l'infortuné contre-maître et le rendre à sa famille éplorée.

» Pour un motif semblable M. Graftieaux, cultivateur, devait être fusillé. Le peloton d'exécution préparait déjà ses armes, quand le généreux Frère arriva. Ses larmes, ses supplications, obtinrent grâce cette fois encore.

» L'ambulance de Pourru a eu à soigner 55 blessés français et 30 allemands ; 15 de ces derniers y sont morts (1). »

Sedan. — Nous laissons encore à M. d'Arsac le soin de nous raconter en quelques lignes le désastre de Sedan, marqué à jamais dans l'histoire comme un des plus grands que nous ayons jamais éprouvés.

« Après la déroute de Beaumont, le 1er corps de l'armée de Mac-Mahon occupe quelque temps, pendant la journée du

---

1. M. D'ARSAC, ouvrage déjà cité.

30 août, les coteaux qui dominent Mouzon. On se dirige ensuite vers Sedan. Après une marche de nuit, l'armée arrive sur la place, le 31 août, vers les sept heures du matin, ayant fait six à sept lieues. La ville, située dans un fond, est dominée au nord,

LE MARÉCHAL DE MAC-MAHON.

du côté des Ardennes, par les hauteurs d'Illy, de Floing, de Givonne ; à l'est, par celles de Daigny et de Bazeilles, sur la rive droite de la Meuse ; au sud, par celles de Wadelincourt et de Frénois ; à l'ouest par Vrigne. De l'avis de nos meilleurs hommes de guerre, on ne devait toucher à Sedan que pour se ravitailler et laisser ses malades. En continuant à midi le mouvement de retraite, nous gardions une avance de cinq heures sur l'ennemi accourant pour nous barrer la route. Cette marche de salut ne fut pas décidée.

» Les Prussiens opérèrent un mouvement tournant, de manière à nous fermer les passages. L'issue de la lutte que l'on va soutenir contre une armée très supérieure n'est pas difficile à prévoir.

» L'armée française, forte d'une centaine de mille hommes, est campée sur une vaste courbe, du nord-ouest au sud-est de *Sedan*, sur la rive droite de la Meuse.

» Le 5ᵉ corps, dont le général de Wimpffen a pris le commandement, occupe la ville, l'ancien camp et les hauteurs du Fond-de-Givonne.

» Le 12ᵉ corps, sous les ordres du général Lebrun, occupe les hauteurs de Bazeilles.

» Le 1ᵉʳ corps, général Ducrot, s'étend de Lamoncelle, campe depuis Floing jusqu'au Calvaire d'Illy.

» Le 1ᵉʳ septembre, au point du jour, la bataille a commencé vers Bazeilles et s'est prolongée successivement sur la droite vers le 1ᵉʳ corps. C'est alors que le maréchal de Mac-Mahon est blessé d'un éclat d'obus à la cuisse. Le commandement en chef revient au plus ancien des chefs de corps, au général de Wimpffen. Le général Ducrot ordonne tout à coup un mouvement sur Illy, dans l'espérance de gagner la ligne de Mézières. Nos troupes furent reçues par un violent feu de mitrailleuses et de canons, et durent reprendre leur position.

» Vers une heure, le corps de Douay est foudroyé par les batteries prussiennes; nos soldats se défendaient avec le courage du désespoir. Malgré les secours qu'ils reçurent du 5ᵉ corps et du 1ᵉʳ, ils ne purent empêcher l'ennemi de resserrer son cercle de feu en les couvrant d'obus.

» Toutefois, le général Lebrun tient toujours à la droite avec la plus énergique vigueur. Le commandant en chef se lance de ce côté avec les troupes disponibles, pour jeter une fraction de de l'armée ennemie dans la Meuse et se frayer un passage dans la direction de Carignan. Il écrit à l'Empereur de venir au milieu de ses soldats, l'assurant qu'ils tiendront à honneur de lui frayer une voie. En attendant, le 12ᵉ corps entame la route de Givonne et arrive à la porte de Balan. Le 7ᵉ corps et une partie du 1ᵉʳ devaient former l'arrière-garde du 12ᵉ; mais, vivement abordés par des forces supérieures, ils vinrent se ranger sous les canons de Sedan, dont les portes étaient ouvertes. A ce moment, quatre heures, le général de Wimpffen reçoit une lettre de l'Empereur qui le charge de négocier avec l'ennemi. Il pleure de rage, refuse d'abord d'obéir, et tente, malgré les fatigues d'une lutte de douze heures, un effort désespéré. Mais l'armée prussienne avait achevé de cerner complètement l'armée française. Les colonnes ennemies se précipitent sur nos troupes et les font rétrograder sur Sedan. A six heures du soir, la ville était encombrée de caissons, de voitures, de chevaux. Les soldats, entassés dans les rues avec le matériel d'artillerie, étaient exposés aux plus grands dangers en cas de bombardement (1).»

« Une nuit funèbre suivit cette désastreuse journée. Tout le ciel était éclairé par la lueur sinistre de l'incendie de Bazeilles, et l'on se demandait si le lendemain une lutte absolument impossible allait de nouveau s'engager, si tous nous allions périr sous une pluie de fer et de feu et sous les ruines de nos maisons.

---

1. D'Arsac.

» Le 2 septembre, à onze heures et demie du matin, la capitulation est signée, et le général en chef l'annonce à l'armée. C'en était fait, et « le nom de Sedan était imprimé comme un fer chaud au front de la Patrie française. » Capitulation honteuse, mille fois honteuse, assurément, mais qui ne fut, quoi qu'on en ait dit, une lâcheté pour personne.

» Pendant la bataille, que faisaient les habitants ? Écoutons M. l'abbé Dunaime, archiprêtre de la ville. « Quels étaient sur nos murailles menacées ces hommes résolus, affrontant, bien que mal armés, et pères de famille pour la plupart, les projectiles de l'ennemi ? C'étaient les gardes nationaux de la ville, empressés de concourir, au péril de leurs jours précieux, à la défense de la Patrie. Sur nos toits qui s'allumaient, qui voyait-on grimper si hardiment pour éteindre les flammes ? C'étaient nos sapeurs-pompiers, accomplissant, avec leur intrépidité ordinaire, la plus ardue des tâches et la plus dangereuse. Dans nos rues, sur nos places publiques, au milieu de nos ambulances, qui étaient ces hommes et ces femmes de toute condition que n'effrayaient point les obus sifflant sur leurs têtes et éclatant près d'eux ? C'étaient de nouveaux Samaritains courant aux blessés pour les relever, pour les porter, pour leur donner mille soins, pour les consoler et les bénir.

» Et le soir, à la proclamation de l'armistice, l'armée, rentrant en tumulte dans la ville, la remplissait tout entière d'hommes, de chevaux, de canons, de caissons, de fourgons. Est-ce que nos maisons, plus hospitalières que jamais, ne s'ouvrirent pas pour elle, avec tout l'espace et toutes les ressources qui leur restaient encore (1) ? »

» Le clergé qui parlait ainsi de la cité Sedanaise, se multi-

---

1. Discours de M. l'abbé Dunaime, prononcé le 1er septembre 1874.

pliait lui-même en ces tristes circonstances ; nous avons vu de nos yeux nos prêtres prodiguer leurs soins, leurs vie même à nos pauvres soldats blessés et mourants, se présenter à leur lit de douleur avec d'immortelles espérances pour sécher leurs larmes et adoucir leurs souffrances... S'oublier et se dévouer

NAPOLÉON III.

jusqu'à la mort, voilà le rôle du soldat : c'est la beauté suprême; c'est aussi celle du Prêtre (1). »

Le Conseil municipal était en permanence. Il s'occupait de pourvoir aux besoins les plus urgents des ambulances. Le 2 septembre 1870, le Maire de Sedan fait savoir aux habitants

---

1. M. ROUY, *Sedan pendant la guerre de 1870-71*.

de la ville que, « par ordre de M. l'Intendant général, tous les propriétaires de maisons où il y a des ambulances peuvent faire des bons chaque jour :

1º De pains à prendre à la manutention, 750 grammes par homme ;

2º De viande à prendre à l'abattoir, 750 grammes par homme ;

3º A prendre au manège de cavalerie, pour 4 jours, 4 rations de sucre et de café par homme ;

4º A prendre à l'hôpital militaire, mais dans les plus strictes limites des besoins, un peu d'eau-de-vie.

» M. l'Intendant général tâchera d'envoyer à l'Hospice civil du linge, s'il s'en trouve quelques caisses ; c'est là que les diverses ambulances devront chercher à s'en procurer. »

Cette noble conduite de la ville tout entière fut justement appréciée. Le général de Wimpffen envoya à M. le Maire, dont on ne peut trop admirer le dévouement, une lettre qui doit être conservée précieusement :

« Aux habitants de la ville de Sedan,

» Le général commandant les troupes du 1ᵉʳ et du 2 septembre vous remercie de l'hospitalité sans limites que vous leur avez accordée.

» Vous vous êtes imposé les plus dures privations pour satisfaire aux exigences d'hommes blessés, malades ou épuisés par des luttes successives.

» Vous laissez dans le cœur de tous un sentiment de reconnaissance qu'il était de mon devoir de vous exprimer.

» De la part de tous, merci !

» Le Général de Division :
» de Wimpffen. »

La conduite admirable des habitants de Sedan doit être signalée, surtout pour leur dévouement à l'égard des malades, des blessés et même des ennemis ; aussi, nous ne craignons pas d'entrer dans quelques détails que nous empruntons à M. Rouy, que nous voudrions citer ici en entier (1).

« Dès le mois de juillet 1870, en vue des ambulances, un Comité de Dames s'était formé, et avait vaillamment sollicité dans chaque maison des prêts et des dons en literie, du linge et d'autres objets indispensables aux blessés. Une pareille croisade devait réussir ; le succès dépassa même toutes les espérances et, grâce à nos patriotiques quêteuses, on put réaliser un projet dont les événements allaient démontrer toute la douloureuse nécessité.

» Le Conseil municipal nomma une commission de quatre membres pour diriger les ambulances : MM. *Morin* et *Méleux* organisèrent celle de l'ancienne Sous-Préfecture ; M. *Talot*, celle de la maison de M. *J. Varinet* ; M. *Raux* fut le secrétaire chargé de la comptabilité.

» Nos premiers désastres rendirent insuffisantes ces deux ambulances. Une troisième fut installée au Collège, sous la surveillance de M. *Letellier*, assisté de MM. *Bridier* et *Duchêne*. De tous côtés on se mit à l'œuvre, et le 26 août la Sous-Préfecture avait 50 lits complets, la maison Varinet 50, le Collège 92 ; des Sœurs de Charité et des Sœurs de Sainte-Chrétienne prirent ces postes d'honneur ; des médecins civils, MM. *Berna, Itasse, Labauche, Pénasse, Thomas* et *Toulmonde*, furent attachés à chaque ambulance, ainsi que des pharmaciens et des infirmiers (2). Là, et partout ailleurs, ils exposèrent leur

---

1. *Sedan pendant la guerre de 1870-71.*

2. Toutes les dépenses occasionnées par ces abulances ont été couvertes par la souscription faite en juillet, et se montant environ à 30.000 francs. La ville n'a rien

vie chaque jour et à chaque instant ; aussi, lorsque la croix vint couronner l'incessant dévouement de deux d'entr'eux : MM. Itasse et Pénasse (15 octobre 1871), l'opinion publique déclara que ce n'était que la consécration par elle réclamée d'éminents services.

» Toutes les précautions avaient été prises, et des blessés nous étaient déjà venus de *Sarrebrück*, de *Forbach* et de *Metz*, quand la bataille du 1er septembre fit de notre ville un immense et lugubre hôpital. Alors, en effet, et spontanément, chacun recueillit les infortunées victimes des fureurs humaines ; alors se constituèrent, sous le feu de l'ennemi, de grandes ambulances à la caserne d'Asfeld et à l'Hôpital militaire, à l'Hospice civil, chez les Sœurs de l'Espérance et les religieuses de l'Assomption, chez les Sœurs de Sainte-Chrétienne de la rue de l'Horloge et du faubourg du Ménil, chez les Frères de la Doctrine chrétienne, à l'église Saint-Charles, à l'église du Fond-de-Givonne, au Temple protestant, aux Déchets, au Dijonval, chez MM. Renart-Bacot, Borderel, Léonardy et Vesseron, Parent, etc., etc.

» Comment redire les soins qui furent prodigués de toutes parts à tous nos Français, et que nous n'avons fait qu'indiquer dans la première partie de ces notes (1) ? »

Comment soulever le voile qui nous dérobe pour toujours

---

eu à débourser de ce chef, et n'a reçu aucun secours des comités formés à Paris, si ce n'est de ceux qui sont venus avec leurs ressources aider généreusement les ambulances particulières. Les comités anglais, belge et hollandais, nous ont rendu aussi d'inoubliables services. Avec tous les dons et prêts de linge, ces ambulances ont eu assez pour leurs besoins ; elles ont même assisté des ambulances formées en dehors de l'Administration. Et ce qui honore le plus la ville de Sedan, c'est que les administrateurs de ces ambulances, avec un dévouement à la hauteur de leur tâche, suffirent à tout dans une effroyable catastrophe.

1. Voir plus haut les paroles de M. l'abbé Dunaime et de M. Rouy, au commencement de l'ambulance *Sedan*.

des faits admirables, connus seulement de Dieu, qui ne laisse rien perdre, pas plus une goutte de nos sueurs qu'une larme de ses rosées ?

Tâchons pourtant d'esquisser le rapide tableau des ambulances.

Le premier trait que nous mentionnerons est sublime dans sa simplicité, et nous le prenons dans des notes écrites le lendemain même du jour où le dernier soldat français nous quitta.

« En neuf jours, l'ambulance anglo-américaine, établie au fort d'Asfeld, avait vu mourir 41 officiers et soldats sur 94. C'était du 18 au 27 septembre ; nous n'étions plus dans la période des amputations et des opérations chirurgicales présentant quelque caractère de gravité. Lorsque nos Français ne périssaient pas de leurs blessures, ils étaient enlevés par le typhus. Rien de plus navrant à voir que cette agglomération de vaillants guerriers luttant contre une mort obscure et sans secours, oui, *sans secours*. L'expulsion de 20 gardes-malades à la fois, par le gentleman Charles *Wood*, de Londres, ne suffit-elle pas à elle seule pour révéler l'horrible situation de nos compatriotes blessés, gisant sous la tente ou sous une voûte humide et froide, n'ayant jamais, de sept heures du soir à sept heures du matin, un seul infirmier autour d'eux (1) ? Le capitaine Touvenel d'Antibes formula souvent des plaintes, mais toujours sans aucun succès.

» Ce fut à cette heure de péril que deux Sœurs de

---

1. M. Charles Wood, qui avait quitté sa jeune femme et un enfant de six semaines pour venir au secours de nos soldats blessés, montra en cette circonstance une énergie indispensable pour faire cesser ce triste état de choses et arrêter un effrayant gaspillage. Telle était en effet la dilapidation, qu'il put, en remerciant M. l'Aumônier de l'Hospice qui lui proposait des infirmiers payés à 5 francs par jour, lui dire : « M. l'Aumônier, les paierions-nous 15 et 20 francs, nous y gagnerions énormément. »

l'Espérance entrèrent dans ce foyer pestilentiel, et la Sœur *Saint-Hippolyte* n'en sortit qu'après le départ de tous les malades. Mais ce dévouement n'était qu'un prélude à un autre sacrifice bien autrement beau : elle vient de franchir le seuil de son couvent ; elle aurait besoin de sommeil et de repos ; à sa constitution débilitée par une atmosphère morbide, il faudrait du soleil et de l'air ; elle n'a de souci que d'une chose : se dévouer, et se dévouer jusqu'à l'immolation. « Il est une place que j'ambitionne, et vous ne me la refuserez pas, dit-elle à sa Supérieure. De grâce, permettez-moi d'aller à l'ambulance du Pont-Maugis. » — Partez, ma fille, » lui répond sa Mère. Et elle court s'enfermer dans cette autre ambulance où régnait la plus hideuse des maladies, la petite vérole noire, purulente, infecte, qui fit de si horribles ravages et jeta le deuil dans une famille que toute la contrée entoure d'une juste et légitime considération. La Sœur Saint-Hippolyte allait à la mort, le sourire sur les lèvres ; elle eût été heureuse de mourir en soignant nos malades, et jusqu'à la dernière minute elle reste dans ce dangereux séjour. Elle ne cherchait pas la gloire, et la gloire est venue la surprendre. Un jour Mgr l'Évêque de Blois reçoit de la Présidence de la République une bien douce mission à remplir ; il assemble son Chapitre, et, en présence de ses Vicaires généraux, il remet à Sœur Saint-Hippolyte, alors en résidence à Blois, un titre d'honneur qui demeurera dans la Maison-Mère, à Bordeaux, comme un irrécusable témoignage du dévouement des religieuses de cet Institut envers nos officiers et soldats blessés dans la désastreuse campagne de 1870. Ce précieux titre de gloire fut transmis du Palais de la Présidence par M. A. Philippoteaux, député des Ardennes.

» A l'*Hôpital militaire*, encombré d'Allemands et de Français, la tâche était particulièrement difficile. D'après les termes de la Convention de Genève, le pharmacien-major de 1re classe, qui était à la tête de la pharmacie, ayant dû partir, MM. *James* et *Morin* en prirent la direction... Le médecin-chef prussien leur offrit une allocation mensuelle de 500 francs ; ils la refusèrent... Le Conseil leur donna 100 francs par mois. Ils durent s'adjoindre trois élèves. Ils remirent un ordre parfait dans l'ambulance... M. l'abbé Cauly était Aumônier de cette maison ; disons ce qu'il fit dans ces tristes circonstances. »

Nous laissons la parole à M. H. Rouy (1) ; mieux que nous, il peut dire ce qu'il a vu ; par là, on ne pourra pas nous adresser le reproche de mettre trop en relief un confrère qui le mérite cependant à tous les égards. Toutefois, nous serons obligé d'abréger le récit.

« M. l'abbé *Cauly*, vicaire de Sedan, le 19 février 1868..., déploya, durant la guerre de 1870, un dévouement que l'on doit signaler.

» C'est une noble page qu'il faut ajouter à la charité chrétienne et sacerdotale en notre ville de Sedan pendant l'année 1870-71. »

Dès la première heure, M. Cauly avait écrit à l'Aumônier en chef de l'armée française une lettre où, tout en sauvegardant les droits de l'Administration diocésaine, il se mettait à sa disposition et s'offrait à être mobilisé. Cette demande demeura sans réponse. La présence de M. Cauly était au moins aussi nécessaire à Sedan. En effet, les 17 et 18 août, arrivaient déjà des blessés de Borny et Gravelotte ; l'on ne comptait pas moins de 180 lits occupés. L'Hôpital militaire et plusieurs ambulances étaient disposés pour en recevoir un nombre bien plus considérable.

---

1. *Souvenirs Sedanais*, par Henri Rouy, Sedan, 1885.

Sedan allait devenir une ambulance générale! Il fallait intéresser à l'*Œuvre des Militaires blessés* tous les cœurs généreux. Dès le 24 juillet, M. Cauly avait eu cette excellente idée ; il avait adressé une lettre chaleureuse, reproduite par la presse départementale, consignée dans l'ouvrage de M. Henri Rouy.

Ce prophétique appel fut entendu... La marche déplorable de Mac-Mahon laissant pressentir une lutte tout proche de Sedan, le 25 août on évacua sur les bourgades voisines de Bazeilles, de Balan, Donchery, etc., les blessés venus de Metz : il fallait faire place à d'autres!

Ils furent vite remplacés. Le 30 août, le combat de Beaumont fut le prélude de désastres lamentables. Toute la nuit et le jour suivant, les blessés qui peuvent s'échapper du champ de bataille arrivent à l'Hôpital, qui aurait été plein en cette circonstance si l'on n'avait pas déjà dirigé sur Mézières ceux qui sont capables de supporter cette fatigue. Ils s'en souviennent ceux qui, avec M. l'Aumônier, demeurent là toute la nuit.

Le lendemain, l'armée française, en désordre, encombre la ville ; à dix heures du matin, M. *Vallée*, aumônier des Quinze-Vingts, devenu aumônier de la 4me division du 1er corps, arrive à l'Hôpital militaire, et, avec M. Cauly, donne les derniers sacrements aux malades les plus dangereusement atteints.

Dès l'aurore, le 1er septembre, la ville se réveille au bruit du canon et de la fusillade. A six heures, M. Cauly disait la messe à l'église paroissiale, quand tout à coup le canon de la forteresse répond. Tout l'édifice tremble ; le prêtre seul achève le Saint Sacrifice, l'assistance a fui. L'Aumônier remonte vite à l'Hôpital militaire, au milieu des victimes qu'il accueille, et donne les derniers sacrements à ceux qui les réclament... A la manière dont M. Cauly procède, à voir son calme, son sang-froid, on sent, dit toujours M. Rouy, qu'il a fait à Dieu le sacrifice de sa vie.

Avant midi, le drapeau d'ambulance flottait sur la caserne de

LA BATAILLE DE GRAVELOTTE.

cavalerie. Là des infortunés se meurent, là est aussi le devoir ;

M. Cauly y court, malgré les obus qui sifflent continuellement au-dessus de sa tête. Le service religieux y étant parfaitement organisé, M. l'Aumônier regagne l'Hôpital militaire, où, malgré le drapeau blanc à la croix rouge, les obus et les boulets tombent à profusion, jetant la consternation dans les salles et parmi les blessés qui veulent fuir.

Toute la soirée et toute la nuit, l'Aumônier entendit les confessions ; tous voulaient se mettre en règle, disaient-ils...

A midi et demi, le 2 septembre, l'Aumônier parcourait les vastes salles de l'Hôpital militaire, prodiguant soins et consolations aux victimes, lorsqu'un officier du 5e de ligne, M. M..., l'aborde et lui demande s'il a rencontré le commandant de Delachasse de Vérigny. Le commandant n'était pas dans l'ambulance. Le sous-lieutenant veut se mettre à sa recherche. Comment ? Il est prisonnier, et les Prussiens sont maîtres du champ de bataille.

Aumônier d'ambulance pourvu du brassard de Genève, M. l'abbé Cauly est neutre ; il s'offre d'aller sur le théâtre de la guerre ; peut-être sera-t-il utile à quelques mourants ! L'officier s'offre de le suivre ; pour cela, il prend l'uniforme d'infirmier et le brassard. Ils arrivent sur le champ de bataille. L'Aumônier et son ordonnance improvisée parcourent les champs ensanglantés du Fond-de-Givonne, de Balan et de Bazeilles. Le prêtre confesse, absout et administre les mourants. L'officier l'accompagne, toujours en quête de son commandant.

Au sortir de Balan, proche de Sedan, ces deux généreux Français trouvent M. le commandant de Delachasse, la tête ensanglantée, le bras en écharpe, la jambe blessée par un coup de feu.

Après la bataille, l'Hôpital militaire devint le centre des opérations chirurgicales, le rendez-vous des malades contagieux ;

c'est là que, pendant huit mois, M. l'Aumônier dépensa tout son zèle jusqu'en février 1871, mais non sans être souvent inquiété et même menacé, car on l'accusait de favoriser l'évasion des militaires, ce qui serait tout à la gloire de M. Cauly.

Vers la fin de janvier 1871, nos vainqueurs voulant démanteler la place de Sedan, ce que l'armistice empêcha heureusement, on dut évacuer l'Hôpital militaire et transporter les malades au Collège et à l'Hospice civil réservé aux Français. M. l'Aumônier continua ses visites aux malades, mais à l'Hospice civil jusqu'en mai 1871.

M. l'abbé Cauly fut proposé deux fois pour la croix de la Légion d'Honneur. Présentée pendant le siège de Paris, la proposition est demeurée sans résultat. M. Rouy, pour sa part, a vivement regretté cet oubli. Mais pour nous, avec le Cardinal Gousset, parlant un jour après le choléra à l'Empereur, disons : « Ce n'était pas une, mais plusieurs qu'il aurait fallu décerner. »

Si nous descendons maintenant dans la grande ambulance de l'*Hospice civil*, que n'aurons-nous pas à dire ! Dès le 31 août 1870, plus de 50 blessés étaient venus y chercher un abri, amenés par des chariots de convoyeurs. Le soir et le lendemain de la bataille, on y fit entrer 1.000 blessés ; 300 d'entre eux ne purent pénétrer dans l'intérieur et demeurèrent couchés dans la cour principale sur un peu de paille. Le général *Guiomar*, qui avait une épaule horriblement fracturée, s'y trouva entre un zouave et un sous-officier d'artillerie, qui, malgré ses souffrances, racontait, avec la verve d'un enfant du Jura, les rudes quarts d'heure que sa batterie avait fait passer aux bataillons de *Von der Thann* :

> Les habits bleus tombaient comme les bois d'automne,
> Mais leur flot grossissait toujours comme la mer (1).

---

1. P. Déroulède, *Chants du Soldat.*

« Du 31 août 1870 au 31 août 1873, l'Hôpital fut une ambulance permanente (1). Le 25 novembre 1872, le dernier de nos officiers en partit : c'était le chef de bataillon *Dorval Alvarès* ; il avait été affreusement blessé et sa tunique avait été percée de huit coups de feu. Quinze mois durant, les dignes Filles de Saint-Vincent de Paul ne bronchèrent pas plus sur leur champ de bataille que notre infanterie de marine, d'éternelle mémoire, dans les plaines et dans les rues de Bazeilles, sous le commandement du général *de Vassoigne*. Et, comme le soldat est glorieusement atteint dans la lutte par les projectiles ennemis, ainsi Madame la Supérieure fut alors frappée et prit le germe de ces fièvres intermittentes qui mirent si souvent, depuis cette époque, sa vie en péril ; ainsi mourut une compagne de ses fatigues, la Sœur Louise, douée de tous les dons de la nature et de la grâce ; elle succomba le jour même où le colonel du 1er régiment d'infanterie de marine, M. *Brière de l'Isle*, venait, au nom du Ministre de la Guerre, placer sur la poitrine du commandant *Alvarès* la croix d'officier de la Légion d'Honneur (11 octobre 1871). Telles ses Sœurs dans la charité étaient, en 1813, tombées déjà courageusement à Sedan auprès des malades atteints du typhus... » Nous regrettons de ne pouvoir pas, ou du moins de ne pas oser mettre ici les pages qui suivent, et dans lesquelles M. Rouy raconte tout au long les dévouements des Sœurs de Saint-Vincent de Paul.

« Tandis que ces saintes filles se dévouaient, M. l'abbé Lejay, leur Aumônier, se dépensait lui aussi ; il se faisait le secrétaire de nos pauvres soldats ; il écrivait à leurs familles pour les rassurer ou leur apprendre que leurs fils étaient

---

1. Détails fournis à M. Rouy par l'Économe.

morts comme des Français sans peur et des chrétiens sans reproche.

» A ses côtés, M. le docteur Itasse, chirurgien en chef de cette ambulance, accomplissait son devoir avec un zèle à toute

Mme LA SUPÉRIEURE DES RELIGIEUSES DE SAINTE-CHRÉTIENNE.

épreuve... Ils le savent, ceux qui étaient alors à la tête de la Municipalité, et la croix si bien gagnée de la Légion d'Honneur ne rappelle pas seulement à M. Itasse cette multitude de blessés et de malades qui encombraient les salles, les corridors et jusqu'aux cours de notre Hôpital civil, mais aussi les excellents soins de tous les instants qu'il leur a si longtemps donnés (1).

» Lorsqu'au mois de novembre 1870, les diverses ambulances cessèrent d'exister à Sedan et dans les villages environnants, l'Hospice civil resta encore comme une ambulance générale et 106 blessés nouveaux lui arrivèrent du dehors. Toutes avaient fait noblement leur devoir ; du 31 août au 17 septembre, vingt, trente, quarante et cinquante blessés avaient été soignés journellement par les Religieuses de l'*Espérance :* un seul était mort ; 216 avaient été recueillis au couvent de l'*Assomption :* 6 avaient succombé ; les Sœurs de *Sainte-Chrétienne*, de la rue de l'Horloge, avaient reçu 65 blessés et leur avaient préparé, pendant tout le mois de septembre, la nourriture, ainsi qu'aux 25 blessés auxquels un habitant charitable donnait un asile et ses soins : 2 Français succombèrent ; au faubourg du Ménil, 21 religieuses avaient soigné 500 blessés couchés par terre sur des matelas, et arraché à la mort 450 d'entre eux ; 4 Sœurs du même établissement s'étaient dévouées à l'ambulance du Collège avec une activité et un courage qu'aucun danger n'avait pu paralyser (2). » Les Frères des *Ecoles Chrétiennes* ne pouvaient demeurer en dehors de ce magnifique concert donné dans la ville par la charité. « A deux heures de l'après-midi, le 1er septembre, ils avaient déjà reçu des soldats blessés. Comme leur établissement n'avait pas été choisi par l'Administration municipale pour servir d'ambulance, ils manquaient d'objets de literie, de linge et de tout ce qui est nécessaire à un asile destiné aux blessés. Dès le milieu

---

1. M. Itasse alla aussi à l'ambulance du Pont-Maugis ; pendant neuf jours, il fit son possible pour sauver le *Bon Docteur Noir*, *James Christophe Davis*, venu d'Amérique pour se dévouer dans les ambulances du Fond-de-Givonne, puis du Pont-Maugis, où il mourut.

2. M. ROUY, ouvrage cité.

de la journée, les ambulances se remplissaient de malades... Quoique pris au dépourvu, ils ouvrirent cependant leur maison, le soir même de la bataille à 142 blessés, le lendemain à 172, et le 3 septembre à 206. Ils abandonnèrent leurs lits aux premiers arrivés, puis, malgré les obus qui pleuvaient de toutes parts et le désordre effroyable qui régnait dans la ville, ils se mirent à parcourir les rues, afin d'obtenir de la charité des habitants des matelas et de la paille pour coucher leurs blessés.

» Pendant trois semaines, les Religieux ne quittèrent pas un instant le chevet de leurs blessés (1). »

Après avoir ainsi résumé la magnanime conduite des congrégations religieuses à Sedan pendant la dernière guerre n'est-ce pas le cas de répéter ces belles paroles tombées de la bouche de M. Thiers, dans les dernières années de sa vie : « *Les Frères et les Sœurs, voilà, à l'École et à l'Hôpital, les grands bienfaiteurs du peuple !* »

« **L'église Saint-Charles**, durant la première quinzaine de septembre, vit un tableau que n'oublieront jamais ceux qui en ont été témoins (2).

... » **Le Temple protestant** s'était ouvert à nos malheureux soldats et ils y avaient été l'objet de soins empressés. Tout

---

1. M. D'ARSAC, ouvrage déjà cité.

2. Le spectacle de l'église fut surtout émotionnant pendant les trois premiers dimanches de septembre. Qu'on se représente un prêtre se frayant avec peine un passage à travers la foule des blessés, et ceux-ci s'efforçant de contenir leurs gémissements, de se soulever et de porter, au moment de l'Élévation, leur main à leur front pour saluer le DIEU des armées. En 1870, le clergé sedanais fut ce que nos pères l'avaient vu déjà en 1813 et 1814 ; il ne craignit point de s'exposer à une mort précieuse devant DIEU et devant les hommes. Et comme MM. *Collet* et *Modart* avaient été frappés au milieu de leurs sublimes fonctions, ainsi périt M. l'abbé *Buiron*, ainsi mourut, des suites de la guerre, M. l'abbé *Gennesseau* ; le premier n'avait que 25 ans, le deuxième 29. (Nous en reparlerons à l'article *Victimes*.)

avait été préparé en grande hâte et en pleine bataille par le Pasteur, M. *Goulden*, avec l'assistance de ses sœurs et d'une infirmière d'ambulance évangélique, Mlle Rose, demeurée à Sedan pour soigner une de ses compagnes malade, au moment où cette ambulance était partie pour Raucourt, le samedi 27 août. Il n'y avait cependant encore que 25 lits et déjà 45 blessés s'étaient péniblement traînés jusqu'au Temple aux deux portes duquel flottait le drapeau blanc, lorsque tout fut envahi, stalles, tribunes, salles d'écoles et salle du Consistoire. Il y eut bientôt plus de 150 soldats mourants de faim. Les provisions et le vin des Orphelines les nourrirent pendant vingt-quatre heures, tandis que le linge et la charpie dont disposait Mlle Rose et deux caisses de toile et de bandes apportées par un infirmier de l'Ambulance évangélique de Paris, permettaient de pourvoir aux premiers pansements. Le 2 septembre heureusement, les bureaux de l'Intendance militaire, commandée par M. Bonaventure, s'installèrent dans les salles du Consistoire et se chargèrent de la nourriture des blessés ; une dizaine d'infirmiers militaires, un chirurgien-major, M. *Ferrot-Bérenger*, un des médecins de l'état-major du Prince Napoléon et, deux jours après, le chirurgien-major M. Bonnet, aidé de jeunes chirurgiens, restèrent à cette ambulance jusqu'au moment de son évacuation, qui eut lieu le 23 ou 24 septembre ; M. Goulden en conserva jusqu'au bout la direction supérieure ; lui et ses courageuses infirmières y firent régner un ordre, une propreté irréprochables, et cette double condition, au dire des médecins militaires, exerça une excellente influence sur l'état sanitaire ; on n'eut pas une seule mort à déplorer. Les soins spirituels furent donnés aux soldats catholiques par M. l'abbé Cauly.

» Des hommes dévoués dont le nom est sur toutes les

lèvres (1), avaient encore, avec autant de promptitude que d'intelligence, converti en refuges pour nos blessés et nos malades les ateliers des fabriques, la salle d'asile, la rotonde du théâtre... Partout les Sedanais avaient tendu des mains compatissantes à ceux qui avaient versé leur sang pour le drapeau de la France et qui semblaient eux-mêmes, en ces jours-là, un autre drapeau vivant, d'autant plus cher qu'il avait été mutilé ; partout s'était déployé le pacifique étendard de la Charité pour protéger et sauver les tristes mais glorieux débris de la grande armée française (2).

» On conçoit, continue M. Rouy, que nous n'avons pas tout dit et que nous ne pouvions pas tout dire. Il nous eût fallu entrer dans chacune de nos demeures pour montrer combien la population Sedanaise fut alors ingénieuse en son dévouement. Ces souvenirs sont inscrits en caractères ineffaçables dans le cœur de bien des mères, et si nous prêtons l'oreille, nous en entendrons beaucoup bénir ceux à qui elles doivent la conservation d'existences bien-aimées.

» Citons en terminant ceux de nos concitoyens à qui la *Société française de Secours aux Blessés* adresse une croix de bronze, signe de l'œuvre, accompagnée d'un diplôme, en souvenir des services rendus : c'étaient *MM. A. Philippoteaux, Maire ; Ed. Gollnisch, 1er Adjoint ; Dunaime, Archiprêtre de Sedan ; Cauly, 1er Vicaire de la paroisse St-Charles et Aumônier de l'Hôpital militaire ; Jules Varinet ; Morin-Maissin ; L. Talot ; A. Goulden, Pasteur ; Mesdemoiselles Goulden ; M. André Ninnin ; M. Stevenin, Instituteur ; M. le Directeur des Écoles des Frères ; Mme Vve Gerardin-Hanin ; Mlle Salliet,*

---

1. M. Rouy signale ici le général belge Pletinckx.
2. Dès le mois de septembre 1870, des blessés furent transportés dans le nord de la France et en Belgique par Bouillon.

Directrice de la Salle d'Asile du Fond-de-Givonne ; Mlle Mathilde Dèmanet ; M. P. Méleux et les habitants du Fond-de-Givonne. »

« A partir du 25 septembre, des blessés furent évacués sur les ambulances formées à *la Chapelle*, à *Bellevue* (propriété Bermetz), *aux Vignes* (propriété Bertèche et Suchetet). En octobre, tous ceux qui avaient résisté aux amputations revinrent à l'Hospice de Sedan jusqu'à la fin de l'année et partirent en janvier 1871 pour Givet et Saint-Omer (1). »

Pour terminer cette glorieuse page des dévouements dont la ville de Sedan fut témoin, disons un mot des ambulances les plus importantes qui furent établies dans les pays voisins.

Écoutons encore M. Rouy, le lecteur ne peut se lasser de le lire.

Fond-de-Givonne. — « L'église, placée au milieu de l'action, avait été transformée en ambulance par les autorités militaires françaises. On avait emprunté aux maisons désertées par leurs habitants, des matelas et des paillasses sur lesquels s'étaient couchés 250 blessés français : nul d'entre eux ne reposa sur la dalle nue, mais l'enceinte sacrée, le chœur, les chapelles, les degrés mêmes des autels et les sacristies se remplirent comme à l'église Saint-Charles (de Sedan). Le Directeur de l'École maritime d'Arcueil, (le P. *Baudrand*, du Tiers-Ordre de Saint-Dominique,) partagea les fatigues du curé (M. l'abbé *Collery*, actuellement curé de Haybes); malgré leur zèle ils n'eussent jamais suffi à la tâche, sans trois Religieuses de la Doctrine Chrétienne de Nancy, qui, du 4 au 20 septembre, firent chaque matin le chemin de Bouillon à Sedan, soit 15 kilomètres. L'une d'elles, âgée de vingt ans et

---

1. M. ROUY, ouvrage déjà cité.

Belge d'origine, mourut à la suite de ses excessifs labeurs. 50 ou 60 blessés succombèrent dans cette église, qui ne fut évacuée que le 18 septembre. Au presbytère furent soignés le général Martin de Pallières et avec lui 3 capitaines, 4 lieutenants, 1 adjudant, 2 sous-officiers, si gravement blessés que 4 d'entre eux périrent (1). »

Floing. — « A la fin de la triste journée du 1er septembre, nous avions 12.000 blessés. Il y avait des soldats partout ; dans les écoles, dans l'église, à la Mairie, dans trois ou quatre grandes maisons particulières, et chaque maison avait son ou ses blessés. Excepté 4 ou 5 hommes, tous avaient quitté le village. Le Maire et le Curé étaient restés au poste. Ce dernier eut surtout à se démêler au milieu des embarras inouïs de cette fatale journée. Les actes de dévouement ont été innombrables, la loi de la charité a été la règle générale : amis ou ennemis ont été chrétiennement soignés par tous (2). »

Donchery. — « La Communauté des Frères de Donchery fut transformée en ambulance d'une manière inattendue. Le lendemain de la bataille de Sedan, on y transporta un blessé : le jour suivant on y amena 15 soldats. Les Frères firent de leur mieux pour soulager les malheureux qu'ils ne quittaient ni le jour ni la nuit.

» On y envoya également des Allemands atteints du typhus ; il ne resta de libres que la cuisine, le réfectoire, l'oratoire. L'administration prussienne adjoignit un infirmier et trois Sœurs allemandes. »

Vouziers. — Vouziers eut également plusieurs ambu-

---

1. M. Rouy, ouvrage déjà cité.
2. Lettre de M. l'abbé Lalouette, curé de Floing, en date du 30 mai 1885 ; voir à la quatrième partie, *Anniversaire célébré à Floing*.

lances, sans compter les maisons, qui reçurent, comme au presbytère, de 50 à 60 blessés, le 26 août 1870, lors du passage de l'armée prussienne qui marchait sur Sedan, et dont la traversée dura deux jours et deux nuits sans discontinuer, c'est-à-dire 156.000 hommes de toutes armes, avec *impedimenta* sans nombre et équipages de ponts avec 200 barques en cuivre. Le général en chef était le prince impérial Frédéric-Guillaume. Il laissa à M. l'Archiprêtre 58 de ses soldats atteints du typhus, en lui faisant dire qu'il en répondait sur sa tête. M. l'abbé Bouché était le seul qui s'occupait des ambulances, M. le Sous-Préfet étant prisonnier, et M. le Maire ne voulant s'occuper que des réquisitions. Ces 58 hommes composèrent la première ambulance pour laquelle M. le Curé fit bâtir sur une colline, à 500 mètres de la ville, un baraquement en bois où ils furent soignés par les Sœurs de la Providence, qui montrèrent un dévouement d'une constance et d'un zèle au-dessus de tout éloge. Elles étaient venues de tous les villages environnants se joindre à leurs Sœurs de l'Hospice. De ces malades du typhus, la moitié survécut.

La bataille de Beaumont et celle de Sedan amenèrent à Vouziers, immédiatement après, 400 blessés que l'on répartit d'abord dans l'Hospice, dans la cour duquel fut élevé un nouveau baraquement, puis dans toutes les maisons servant d'école, et enfin, faute de place, dans toutes les maisons particulières qui voulurent bien offrir leur concours.

M. le Curé visitait toutes ces ambulances, durant le jour et vers le soir ; rendait compte au commandant prussien, logé à la Sous-Préfecture, de l'état sanitaire de tous ; inscrivait avec lui les convalescents et les morts, afin de pourvoir ou à leur évacuation ou à leurs obsèques, toujours présidées par lui et qu'escortait un peloton prussien. Tous les morts reçurent les honneurs militaires, Français et Prussiens. Pour les catholiques, M. le Curé revêtait ses habits de chœur ; il restait *in nigris* pour les protestants.

M. l'abbé Bouché assistait à leur dernier moment les uns et les autres, autant que le lui permettait son peu de connaissance et d'habitude de la langue allemande. Ce dévouement envers des ennemis attira sur M. l'Archiprêtre la reconnaissance des officiers prussiens, qui souvent la témoignèrent par leurs égards. On ne lui refusait rien de ce qu'il demandait, ni pour ses malades, ni pour ses concitoyens de l'arrondissement, victimes de quelques dénonciations ou de quelques méfaits. Le commandant en chef lui-même ne faisait rien sans lui demander avis. C'est ce qui explique comment M. l'abbé Bouché a sauvé de nombreuses familles de violences, de persécutions et même de la mort.

Les ambulances ont duré du 26 août 1870 jusqu'à la fin de l'occupation, en septembre 1872. Mais le nombre des malades fut considérablement réduit dès le mois de mars 1871, un mois après la conclusion de la paix.

Les personnes qui furent employées au soin des malades ou des blessés sont : les Sœurs de la Divine-Providence de Reims, auxquelles furent confiés l'Hospice et l'Asile communal ; les Sœurs de la même Congrégation, chargées des écoles des environs, accoururent de toutes les parties de l'arrondissement, avec la permission de leurs Supérieurs ; les Sœurs de la Doctrine Chrétienne de Nancy, qui, pendant cinq mois, transformèrent leur pensionnat en ambulance : beaucoup de Dames, qui avaient bien voulu ouvrir leurs maisons au moment de l'encombrement, soignèrent jusqu'à 10 blessés recueillis par elles. Il y eut une victime du dévouement : Dieu l'a choisie parmi les Sœurs de la Doctrine Chrétienne, morte de la petite vérole, gagnée au chevet d'un officier français. C'est une victime dans le sens strict du mot... Trente habitants de Vouziers, aussitôt ce décès, furent atteints de la même maladie ; douze succombèrent. L'épidémie dura trois mois ; triste héritage que laissa l'armée française.

Le typhus apporté par les Allemands ne fit aucune victime dans la population. Le pays en fut préservé par le baraquement construit loin de la ville et par l'isolement dans lequel furent placés les malades. Seul, avec deux ou trois Sœurs qui y demeuraient le jour et la nuit, M. Bouché a pénétré auprès des soldats atteints.

Pour subvenir aux frais nécessités par la construction des baraquements, par les soins, par les secours à donner, Vouziers fit appel à la générosité de ses habitants. *La Société de Secours aux enfants pauvres et aux malades*, qui existe à Vouziers depuis nombre d'années, avait en caisse 1.500 francs ; cette somme se vit triplée dès les premiers jours de la guerre, sous l'influence des événements, et servit aux plus pressants besoins.

Les renseignements qui précèdent m'ont été fournis par M. l'Archiprêtre ; on comprendra alors que le dernier que nous donnons soit très court, puisqu'il s'agit de M. Bouché lui-même. Mais comme un phare brille de son propre éclat, il nous suffira de dire que M. l'Archiprêtre de Vouziers reçut du Gouvernement la croix de la Légion d'Honneur.

A cette occasion, M. l'Archiprêtre reçut de nombreuses et bien sympathiques félicitations. Nous serions heureux de les reproduire ici, mais il faut savoir nous borner. A regret donc, nous ne publierons que deux témoignages, que nous avons pu nous procurer avec peine : le premier, du général Chanzy, à cause du nom glorieux qu'il rappelle ; le second, de M. Tirman, préfet des Ardennes, tout à la gloire du Clergé.

« Le général Chanzy adresse ses félicitations les plus vives et les plus sincères à M. l'abbé Bouché, pour la distinction qui vient de lui être accordée comme récompense de son zèle, de son patriotisme et de son dévouement pendant l'invasion (Buzancy, 23 septembre 1872). »

De Mézières, M. le Préfet des Ardennes écrivait à M. Bouché le 24 septembre 1872 : « M. l'Archiprêtre, j'attachais une grande importance à ce que le clergé catholique, qui a fait preuve d'un dévouement si profond et si désintéressé pendant la guerre, reçût, dans la personne d'un de ses membres, un témoignage éclatant de la reconnaissance du Gouvernement.

» Après la décoration accordée dans le département à un ministre du culte protestant, il n'y avait plus seulement un acte de justice, mais une œuvre de réparation à accomplir vis-à-vis du clergé catholique. Je n'ai pas hésité alors à faire une démarche personnelle à Versailles auprès du Ministre de l'Intérieur.

» Je me félicite d'autant plus d'avoir réussi, que la décoration ne pouvait s'adresser à un prêtre plus digne de la porter. C'est le sentiment unanime de tous ceux qui vous connaissent et ont été à même d'apprécier votre caractère élevé et votre infatigable dévouement. »

Dans ce concert de félicitations, M. Billaudel, ingénieur en chef des ponts-et-chaussées, crut pouvoir dire : « Décoration que vous honorez en la portant, bien plus qu'elle ne vous honore. »

Mézières. — En raison de la proximité des champs de bataille de Sedan, de Metz et des environs, la ville de Mézières, dès le 1er août, se mit en mesure de porter les premiers secours aux blessés qui commencèrent à arriver le 19 de Gravelotte. Elle offrit son dévouement, son cœur et un asile à tous ceux qui le lui demandèrent. La maison des Frères, l'Hôpital, les classes des Sœurs, l'école de M. Royer, furent transformés en ambulances, pouvant fournir environ 300 lits pour commencer.

Dans une réunion composée de M. de Béthune, Maire de la ville, et des principaux habitants, on forma un comité qui, provisoirement, serait chargé de pourvoir aux blessés et de se mettre en rapport avec la *Société de Secours* dont le siège était à Paris. Une souscription fut ouverte et, en quelques jours, l'argent, le linge, la charpie, les vêtements, les médicaments arrivèrent de toutes parts et prouvèrent que la population approuvait ce qui avait été entrepris. Cinq classes des Frères furent mises à la disposition du comité, qui reçut de l'Intendance militaire les lits et le matériel nécessaires pour cette première ambulance. En quelques jours, ces salles furent occupées par les soldats venant de Sedan et de Metz. Les Frères s'occupèrent de l'ordre et de certains pansements faciles; la cuisine, les soins les plus délicats, l'organisation générale furent confiés aux Sœurs de Saint-Charles, qui, là comme ailleurs, montrèrent un dévouement au-dessus de tout éloge. Les médecins de la ville, aidés par les pharmaciens, se multiplièrent et devinrent des auxiliaires précieux et indispensables.

Les Dames de la ville, Mme de Béthune à leur tête, ne se désintéressèrent pas de ces œuvres de dévouement. Un grand nombre visitèrent les malades, les pansèrent de leurs mains. Elles les servaient, leur distribuaient des douceurs, aidaient à refaire leurs lits pendant que les Messieurs donnaient des cigares, des cartes et des jeux, et s'offraient à passer des nuits pour procurer du repos aux gardes-malades.

Les ambulances étaient continuellement visitées par les prêtres de la ville.

Les soldats ayant tous quitté les ambulances ou ayant été

transportés ailleurs, les menaces de bombardement sans cesse

LE GÉNÉRAL CHANZY.

renouvelées ne se réalisant pas, on tenta d'ouvrir les classes le 19 novembre 1870 pour recevoir les enfants, dont les parents commençaient à se lasser. On vivait dans une tranquillité relative, quand tout à coup, le 31 décembre, vers huit heures du matin, on entendit le canon ennemi ; les obus bientôt pleuvaient sur la ville. De suite, les enfants furent congédiés ; ils arrivèrent heureusement sans accidents chez leurs parents, qui les attendaient pour les mettre en sûreté dans les caves, les casemates et même dans l'église casematée. Plusieurs familles périrent dans les caves, asphyxiées ou ensevelies sous les décombres de leur demeure qui s'écroulait.

L'église et la maison des Frères étaient les points de mire. A part le feu, elles eurent tout à souffrir. La sacristie seule fut incendiée avec tout le mobilier ; l'enfant de chœur qui, le matin même, avait servi la Messe, périt avec sa famille sous les décombres de cette dépendance de l'église, où l'on avait droit de se croire à l'abri.

Le bombardement finit le 1er janvier 1871, vers dix heures du matin. Toute la ville n'était qu'un amas de ruines. Les rues n'existaient plus. Les ouvriers durent travailler pendant plusieurs jours pour ménager un passage aux troupes prussiennes, qui firent leur entrée dans Mézières les 6 et 7 janvier vers midi, au son de leurs tambours et de leurs fifres.

La reddition de la ville fut annoncée au roi Guillaume par dépêche le 1er jour de l'an.

Une chose digne de remarque, c'est que l'autel *de la Vierge noire*, Notre-Dame de l'Espérance, fut trouvé intact après le bombardement, tandis que les autres autels, même celui du Très-Saint Sacrement, furent renversés ou plus ou moins endommagés (1). Cet autel avait déjà été préservé en 1815, le

---

1. Voir la circulaire de MM. les Vicaires généraux du 18 mai 1871, 3me partie : *Réparations*.

Ces détails nous ont été fournis par le F. Alphonsis, alors Directeur à Mézières.

26 juillet ; on bombardait la ville durant la nuit ; une bombe perce la voûte de l'église à l'entrée de la chapelle de la Très-Sainte Vierge, et reste fixée dans le trou qu'elle a ouvert.

Charleville. — Désireux de répondre aux intentions du vénérable Supérieur général, les Frères de Charleville offrirent leur établissement pour l'installation d'une ambulance ; mais les salles de l'école n'ayant pas été trouvées convenables pour des malades, ils réclamèrent l'honneur de soigner les blessés de l'*ambulance municipale*. Cet honneur leur fut accordé le 24 août. Le 10 octobre, ils reprirent la direction des classes.

Au Petit-Séminaire, il y eut une autre ambulance que nous décrit ainsi un des ambulanciers : « Là je trouvai une ambulance établie avec des Religieuses de l'Espérance de Mézières, et plusieurs de mes camarades, parmi lesquels l'abbé *Compant* et l'abbé *Many*, actuellement Sulpicien au Canada, l'abbé *Badré*, actuellement curé du Châtelet, *Letellier*, maintenant professeur de philosophie au collège de Sedan, et M. l'abbé Gillet, directeur.

» Les blessés de Sedan arrivaient en grand nombre : et dans quel état ! Ils étaient restés trois et quatre jours sur le champ de bataille. On avait appliqué sur leurs blessures un pansement unique, dont la charpie était une véritable pourriture.

» Une besogne encore à signaler consistait à ensevelir les morts ; je la fis pendant trois mois, aidé d'un séminariste de Charleville, l'abbé *Milard*, aujourd'hui curé de Yoncq.

» Que vous dirais-je de plus ? Nous pansâmes les plaies, nous ensevelîmes les morts ; en un mot, nous fîmes de notre mieux notre devoir de chrétiens et de Français (1). »

---

1. Extrait trop court d'une lettre de M. l'abbé Fossier, curé de Sainte-Vaubourg (Attigny), 11 novembre 1885.

Autrecourt (Mouzon). — Il y eut trois ambulances à Autrecourt. La première établie dans la maison de M. *Tristant*, à Rouffy, écart d'Autrecourt. Elle eut pour directeur M. le docteur *Piotrovski*; il y avait deux aumôniers : M. *Perraud*, aujourd'hui évêque d'Autun, et le Père *Lescœur*, de l'Oratoire. C'est grâce à ces Messieurs que le village n'a pas eu le sort de

MGR PERRAUD, ÉVÊQUE D'AUTUN.

Bazeilles. Le 30 août, une batterie saxonne lança sur le pays une quantité d'obus. Le feu n'a cessé qu'au moment où le chirurgien de l'ambulance, M. le docteur Roaldès, arbora, sur le toit de la maison Tristant, le grand drapeau blanc à la Croix Rouge de Genève.

La deuxième, établie dans l'église, reçut une telle quantité

de blessés que les trois nefs et le chœur en furent remplis. Le dimanche qui suivit la bataille, on parvint à dégager le chœur ; la Grand'Messe fut chantée à l'ordinaire. Il restait encore une trentaine de blessés, couchés sur la paille et enveloppés dans leurs couvertures. M. l'abbé Perraud leur adressa quelques paroles de consolation, ainsi qu'aux habitants qui parurent

MGR JUILLET
DOYEN DU CHAPITRE DE REIMS.

vivement touchés du spectaccle qu'ils avaient devant les yeux.

Il y avait une troisième ambulance dans le château de M. *Pasquier*, alors maire d'Autrecourt. Le directeur, M. le docteur Trélat, avait avec lui, comme aumôniers, M. l'abbé Blanc, du clergé de la Madeleine, et un ministre protestant appelé M. Larchevêque.

On vit aussi, dans le pays, un prêtre qui se disait Jésuite,

M. l'abbé *Léveillé*, sur lequel nous n'avons aucun renseignement (1).

En terminant cette glorieuse énumération des dévouements, nous ne pouvons pas taire un acte, peu connu, mais qui fut des plus périlleux et qui fait grand honneur à Mgr Juillet, alors vicaire général.

On était au 16 novembre 1870. L'ennemi avait tout envahi. Les prêtres de l'arrondissement de Reims étaient dans une véritable gêne ; leurs traitements n'étaient pas payés. Malgré les plus grandes difficultés, muni de toutes les pièces nécessaires et d'un sauf-conduit, M. l'abbé Juillet se rendit à Givet, auprès du trésorier-général, M. Crépy, y arriva le 18, dut attendre durant quatre jours, car la caisse était vide, et toucha l'argent le lundi 21. Le retour à Reims, très difficile, le fut surtout à raison des sommes importantes que portait M. le Vicaire général qui, heureusement, était accompagné d'un douanier intelligent et dévoué. Le 24, M. l'abbé Juillet rentrait à Reims, après neuf jours d'absence.

Ce premier voyage ayant réussi, M. le Vicaire général en entreprit un second, partit le 4 janvier et rentra le 8 à Reims.

Ces quelques détails sont tirés d'un récit fait par M. Juillet lui-même, dans lequel il raconte tous les dangers qu'il courut, mais aussi toutes les bontés dont il fut l'objet de la part des curés chez lesquels il descendit.

---

1. Lettre de M. Lamé, curé d'Autrecourt. — Voir la quatrième partie : *Les Prières*.

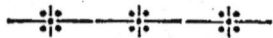

III. — OTAGES.

LES OTAGES DANS LES TRAINS DE CHEMIN DE FER. — PROTESTATIONS. — OTAGES VOLONTAIRES.

Les Prussiens, voulant circuler sur les chemins de fer en toute sécurité, imaginèrent une réquisition, non plus d'argent, mais de notables qui devront accompagner tous les trains. Le 31 octobre, au début de la séance du Conseil municipal, M. le Maire de la ville de Reims raconta ce qui suit. Comme c'est à l'honneur de M. Dauphinot, nous donnons, tout au long, le récit emprunté à l'ouvrage de M. Diancourt.

« La veille au soir, il avait reçu avis du Commandant de place, qu'un ordre du maréchal de Moltke, applicable dans tous les départements envahis, enjoignait aux Maires des villes occupées de désigner une personne notable qui devait prendre place sur la locomotive du premier train partant le matin (1). Invité à se conformer à ces prescriptions, M. Dauphinot s'y refusa, en déclarant qu'il partirait lui-même. Ce à quoi l'officier répondit que l'ordre était formel, et qu'au cas où M. le Maire se refuserait à l'exécuter, il le ferait enlever et placer sur la locomotive entre deux soldats. M. Dauphinot répondit que, dans ces conditions, il se rendrait personnellement sur la locomotive prussienne. Il exigea un ordre écrit qui fut envoyé. Il alla, en conséquence, le lendemain, à l'heure indiquée, six heures du matin, à la gare. Un train était dirigé sur Châlons. On lui fit prendre place sur la locomotive, entre deux uhlans (qui furent obligés d'en descendre faute d'espace), et le train se mit en route. »

---

1. Ouvrage de M. Diancourt.

M. le Maire dut aller jusqu'à Châlons, malgré les observations qu'il crut devoir présenter, relativement à une charge périlleuse qu'on lui imposait en dehors de son territoire. Il revint à Reims en wagon (1).

« A la suite de la communication qu'il venait de recevoir, le Conseil, partageant les sentiments du Maire pour une mesure digne des temps de barbarie, s'associa à son refus de désigner qui que ce fût pour satisfaire aux exigences de l'ennemi, et décida que les membres de l'administration qui en avaient revendiqué l'honneur, et après eux chacun des conseillers, dans l'ordre du tableau, se mettraient à la disposition des Allemands pour accomplir le sacrifice *qu'ils exigeaient*. Une protestation très ferme, et dont les termes indignés reflétaient la vivacité des impressions que ce récit avait provoquées chez tous les auditeurs, fut rédigée séance tenante, votée à l'unanimité et envoyée aux journaux.

» Quelques jours après, le 7 novembre, le comte Irsch sous-préfet allemand, prévint le Maire qu'il avait une communication à faire au Conseil municipal. Ce fonctionnaire se présente au milieu de l'assemblée, en uniforme d'officier de cavalerie, casque en tête, sabre au côté. Debout, au milieu des conseillers silencieux, il lut une protestation contre la lettre qu'ils avaient envoyée aux autorités allemandes qui en avaient été blessées, lettre qui pouvait attirer sur la ville les plus grands désastres. La communication terminée, le sous-préfet se retira sans qu'il y eût le moindre échange de mots.

» Le lendemain de cette séance, l'*Indépendant rémois* avai

---

1. Ceux des Rémois qui se succédèrent dans ce rôle d'otages, inconnu jusqu'alor dans le droit des gens, furent tous obligés d'accompagner les trains jusqu'aux ville les plus voisines. On n'exigea plus toutefois leur présence sur la locomotive ; on enferma dans les wagons sans vitres, délabrés, dans un hiver exceptionnel.

fait composer, pour la publier en tête de ses colonnes, la note qui suit : « On nous communique le document suivant que nous insérons avec d'autant plus de plaisir qu'il honore ceux de nos concitoyens qui en ont pris l'initiative. Nous ne doutons pas que l'exemple de dévouement qu'ils donnent à tous ne soit suivi. Il n'y a pas à Reims un habitant qui, ayant occupé à un titre quelconque, surtout par voie d'élection, des fonctions publiques dans notre ville, ne considère comme un devoir de s'inscrire sur cette liste, qui occupera une place d'honneur dans les archives de la cité.

« *Les soussignés, habitants de la ville de Reims,*

» *Vu la protestation faite, le 31 octobre, par le Conseil*
» *municipal, qui oblige le Maire à désigner des citoyens Rémois*
» *pour prendre place chaque jour dans les trains qui partent*
» *dans diverses directions ;*

» *Vu le refus du Maire de faire cette désignation, et la*
» *résolution prise par les membres du Conseil de se soumettre*
» *eux-mêmes à l'obligation imposée ;*

» *Déclarent s'associer à la susdite protestation et se mettre*
» *à la disposition de la municipalité et du Conseil pour subir*
» *également les exigences de l'autorité allemande* : J. Wargnier; Coutet-Muiron ; T. Charbonneaux ; E. Brion ; Henry Mennesson ; Pallotau ; N. Lasserre ; Fortel ; Alex. Auger ; H. Bouchard ; Gallois ; A. Thomas ; A. Auger ; Charbonneaux-Compas ; A. Geoffroy ; J. Broyard ; L. Guyotin ; Ad. Dauphinot ; Ch. Loche ; Em. Roze ; J. Auger ; Léon Benoit ; A. Baudesson ; J. Frissart ; Ernest Charbonneaux ; Léon Provin ; Félix Marquant ; Lantein ; Ad. Henrot ; Eug. Courmeaux ; Benoist-Lochet ; Franquet-Benoist ; Châtelain ; A. Petit ; Ed. Nonnon ; J. Poullot ; Paul Simon ; Lemoine-Brabant ; Gabreau-Faupin ; Bouron-Hubert ; Collomb ; A.

Walbaum ; Quenoble jeune ; E. Petitbon ; Ch. Godet ; Leseur ; Echard ; A. Prévost ; J. Feuillet ; A. Duchange ; E. Meunier ; A. Charpentier ; Richard ; Louis Lochet ; E. Deligny ; Eug. Desteuque ; A. Grandjean ; V. Pelletier ; M. G. Ducros. »

» Nous avons tenu à donner tous les noms des généreux citoyens qui se dévouaient ainsi pour le bien de tous. De nouvelles adhésions devaient être reçues à la mairie.

» Le numéro de l'*Indépendant* qui devait contenir cette déclaration en tête de ses colonnes, publiait, à cette même place, la note suivante :

DÉCRET.

— Il est interdit aux rédacteurs des journaux français qui paraissent dans les provinces occupées faisant partie de ce gouvernement général, de publier aucun article ou protestation contre les mesures des autorités allemandes.

— Ces rédacteurs sont tenus d'insérer les communiqués des autorités allemandes textuellement et dans la prochaine feuille du journal.

En cas de contravention, la continuation du journal sera prohibée.

Reims, 1er novembre 1870.

Le Gouverneur général,

DE ROSENBERG GRUSZCZINSKI.

» A la suite de ce décret, on avait laissé la liste des otages volontaires, en la faisant précéder de cette simple déclaration :

Les soussignés, habitants de la ville de Reims, ont déclaré se mettre à la disposition de la municipalité pour prendre place chaque jour dans les trains qui partent dans diverses directions

» On voit, continue M. Diancourt, que si les journaux rémois avaient conservé le droit de parler, c'était à la condition de ne rien dire qui pût être gênant ou même simplement désagréable aux maîtres que la guerre nous avait donnés. »

Puisque nous avons cru devoir inscrire dans ce *Livre d'Or* le nom des personnes qui s'étaient mises à la disposition de la municipalité comme otages, il est juste de donner également le nom des conseillers municipaux qui, les premiers, en avaient donné un si noble exemple :

MM. J. Houzeau; Mennesson-Tonnelier; F. Piéton; H. Paris; Lanson aîné; Rome-Marteau; H. Baudet; Gosset-Aubert; V. Rogelet; Lochet aîné; V. Diancourt; Ch. Rogelet; Werlé; Laignier aîné; Leconte aîné; de Vivès; F. Lelarge; Drouet-Bonnaire; Maille; Leblan; Poulain; Margotin-Compas; Dr Doyen; Portevin; Alf. de Tassigny; S. Dauphinot; Dr Maldan; Leteiller; Dévédeix; Contant; Dr H. Henrot; Dr Brébant; de Saint-Marceaux.

Ce qui se fit à Reims eut lieu ailleurs avec les mêmes protestations et les mêmes dévouements.

Ainsi, le 23 octobre, le Conseil municipal de la ville de Sedan reçut, du major Ritgen, notification du décret, parti la veille de Reims, et signé du gouverneur général de Rosenberg :

La Mairie est priée de faire envoyer par l'autorité magistrale, deux notables, demain matin, à six heures, à la gare, comme accompagnement du train. A dater d'aujourd'hui, tous les trains partants devront être accompagnés par deux notables de la ville. Les heures du départ seront ultérieurement indiquées.

La Commandantur.

« Pour la première fois, le Maire ne présidait pas la séance ; informé de la façon que nous allons dire, de la façon inique, il avait voulu, quoique malade, payer le premier de sa personne, et à cette heure même un train prussien l'emmenait vers Montmédy. — La nuit, des soldats étaient venus frapper à croups de crosse à la porte d'un conseiller municipal ; il faisait froid, la neige tombait ; les Prussiens, peu patients (c'est leur moindre défaut), redoublent de violence et menacent d'enfoncer la porte. Surpris dans son sommeil, souffrant depuis plusieurs jours, M. H. Vesseron descend aussi vite que possible pour connaître la cause de tout ce tapage ; il ouvre, les Allemands se précipitent et l'appréhendent pour être sûrs qu'il ne leur échappera pas ; on lui apprend le but de cette visite d'un genre si nouveau : le lendemain à six heures du matin il devra passer à la Commandantur, pour gagner ensuite la gare et monter comme otage sur un train. Ce n'est pas tout, il faut à ces hommes une pièce attestant que leur mission est remplie ; ils présentent à M. H. Vesseron un billet à signer : *Vu et non app rouvé*, écrit le spirituel conseiller. Les Prussiens le quittent alors et de là se rendent chez M. A. Philippoteaux, à qui ils donnent, après la même scène, le même rendez-vous (1).

» Les d'eux conseillers se trouvaient, en effet, à la gare à l'heure dite ; l'un d'eux doit accompagner le train allant vers Mézières ; l'autre, le train se dirigeant vers Montmédy. Devant le commandant Ritgen, M. Vesseron s'élève de toutes ses forces contre ce singulier respect des personnes, tant prôné par nos envahisseurs, et cédant à une bien légitime indignation : « Prenez garde, Major, s'écrie-t-il, que plus tard nos fils, s'ils vont en Allemagne (leurs ancêtres y ont été), ne fassent monter sur

---

1. M. Rouy. Ouvrage cité.

des locomotives vos femmes et vos filles ! » Le coup de sifflet retentit : nos pauvres et courageux conseillers partent, gardés à vue par des soldats armés, prêts à faire feu si quelque accident se produit. On arrive à Mohon. « Vous êtes libre maintenant, » disent-ils à M. Vesseron, et ils le laissent là, perdu dans la neige, grelottant de froid et de fièvre. »

Il faut lire dans l'ouvrage de M. Rouy les lettres écrites à ce propos, l'une par M. Philippoteaux à ses collègues, l'autre par M. Vesseron au maire de la ville. Le conseil unanimement s'associa aux pieux sentiments qui y étaient exprimés. Jusqu'alors la résistance avait été passive, mais en face de cette dernière iniquité, elle faillit prendre un autre caractère.

« L'autorité ennemie demanda la liste des notables pour désigner successivement ceux qui devront accompagner les trains. La liste existait à la Mairie. La consternation est générale. Un membre se leva : « Messieurs, dit-il, je n'ai pas d'enfants, arrive que pourra, je vous offre de descendre sur la place et de brûler la liste devant les Allemands. ».... Les conseillers résistèrent à l'injonction de leurs vainqueurs et s'offrirent de monter chacun à leur tour : tous partirent en tête des trains... Ils partirent même après l'armistice, malgré la protestation de M. Philippoteaux et de M. Amour. A dater de ce moment, il fallut désigner, pour chaque jour, un conseiller et onze otages. On le voit, rien ne manquait aux vaincus, leurs vainqueurs pour eux n'avaient pas la moindre pitié. »

Nous ne pouvons terminer cette triste page sans rappeler la noble « conduite du chef de gare de la ville de Reims, M. *Ménecier.* » Ce fonctionnaire s'était, depuis quelques semaines, multiplié pour faire face au travail écrasant qu'imposaient au personnel de la Compagnie les innombrables transports d'hommes, de chevaux, de matériel de guerre et de munitions qui se succédaient à toute heure du jour et de la nuit dans une gare où rien n'avait été prévu ni ménagé pour le service de l'armée.

« Une première fois, avec l'aide de quelques hommes d'équipe, patriotes résolus comme lui, il avait dirigé une locomotive sur le camp de Châlons qu'il avait trouvé désert, et il en avait ramené des wagons, du matériel et du mobilier.

» Quelques jours plus tard, à la fin d'août, M. Ménecier, ayant obtenu du général d'Exéa une centaine d'hommes, forma un train qu'il dirigea sur le même point. On avait dépassé l'enceinte du camp sans rencontrer l'ennemi, lorsqu'arrivés auprès de Cuperly, les habitants signalèrent la présence d'un corps prussien occupant une ferme voisine de la voie ferrée. La petite troupe s'avance sans bruit, protégée par un petit rideau d'arbres, derrière lequel elle aperçoit deux officiers qui n'ont rien entendu venir. On se précipite vers eux en agitant un mouchoir et en les invitant à se rendre. L'un d'eux répond à cet appel en tirant sur les ennemis inattendus un coup de revolver, aussitôt suivi d'une décharge de chassepots qui les jette tous deux à terre, l'un tué sur le coup, l'autre grièvement blessé. Au bruit des coups de feu, les Allemands sortirent en masse de la ferme, et engagèrent une fusillade avec nos soldats qui remontèrent dans les wagons, ramenant à Reims leur prisonnier, qui mourut à l'ambulance de la gare.

» Le lendemain, M. Ménecier, s'étant de nouveau dirigé vers Cuperly, accompagné cette fois seulement de quelques braves employés de la Compagnie, eut la satisfaction de constater que le coup de main de la veille avait eu un succès et un résultat plus complets qu'on ne l'avait espéré. Les Prussiens, déconcertés par cette surprise, s'étaient retirés avec tant de précipitation et dans une telle panique, qu'on trouva dans leur campement abandonné une centaine de chevaux, des armes, du matériel, des approvisionnements dont on remplit une trentaine de fourgons également délaissés par eux. Le tout fut ramené à Reims, où les approvisionnements et les denrées alimentaires servirent quelques jours plus tard à faire face aux premières réquisitions de leur armée (1). »

Pour sa courageuse conduite, M. Ménecier reçut la décoration de la Légion d'Honneur. La ville tout entière accueillit avec joie la nouvelle d'une récompense si noblement méritée.

---

1. M. Diancourt.

Deuxième Partie.

LES VICTIMES DURANT L'OCCUPATION ALLEMANDE

LES Victimes ! Dans toutes les guerres de peuple à peuple, il y a toujours, hélas ! des victimes nombreuses, dont les noms demeurent à jamais inconnus, excepté de ceux qui les ont pleurés ; mais il y en a d'autres qui sont connues et dont on doit être heureux de perpétuer le souvenir pour l'honneur du pays, de la contrée et des familles. C'est là surtout le but de notre travail. Pour faire le dénombrement des personnes qui souffrirent et même qui périrent durant l'occupation allemande, nous ne suivrons pas d'autre plan que l'ordre des dates.

Bazeilles (1). Les premières personnes dont nous allons raconter le dévouement héroïque appartiennent à la paroisse de Bazeilles, pays si affreusement traité par les Bavarois, malgré l'incomparable défense des soldats de marine. Ecoutons M. l'abbé Baudelot, curé de cette paroisse, qui, dans une lettre qu'il nous adressait le 10 décembre 1873, raconte lui-même sa noble conduite en faisant le récit des événements dont il fut le témoin (2).

.... Bazeilles s'était montré généreux pour préparer des lits et la somme nécessaire pour procurer aux blessés français les soins dont ils auraient besoin ; aussi dès le commencement d'août nous en avions un certain nombre, répartis tant au Montvillers que chez M. Thomas.

---

1. Voir l'ouvrage de M. l'abbé Eug. LEFLON, sur *Bazeilles* : Charleville, 1875.
2. Nous abrégeons les 30 pages du document.

Le dimanche 28 août 1870, vers une heure et demie, on apprend qu'il y avait à Mouzon 3,000 ou 4,000 Prussiens.

Le samedi 27 août, 80 fusils à percussion avaient été reçus et distribués. La population était affolée ; pour la calmer, M. le Maire dut envoyer 30 hommes sur la route de Douzy pour connaître la vérité ; il y avait eu une fausse alerte.

Lundi 29 août, nouvelle de l'arrivée de l'armée de Mac-Mahon à Remilly.

Mardi, tous les habitants des environs de Bazeilles à Douzy sont dans la prairie pour contempler les troupes ; vers six heures un quart du soir, une personne arrive tout émue et annonce que les troupes françaises se précipitent sur le pays en pleine débandade. Cavalerie, infanterie, artillerie, groupes de soldats, groupes d'officiers, tous se succèdent à intervalles plus ou moins longs, et demandent du pain et du tabac. On leur en a donné tant qu'il a été possible ; mais, comme les soldats arrivaient toujours, à minuit il n'y avait plus dans le village un gramme de pain, et cependant les soldats ne cessaient d'arriver et de demander un peu de pain. Je savais qu'à la mairie on conservait, pour être expédiés à Montmédy, des pains amenés sur ordre ; j'obtins de M. le Maire la permission d'en enlever et d'en distribuer à mesure des besoins, au moins la moitié, conservant le reste pour le commencement de la journée du lendemain. Ma nuit s'est passée de la sorte, à donner un peu de vivres aux soldats de Failly, qui avaient été battus à Beaumont.

Mercredi 31 août, les rues du village sont encombrées d'hommes et de matériel... Après ma messe, je cours à l'ambulance, évacuée la veille d'urgence, mais où j'avais retenu d'office un soldat qui n'était pas transportable. En passant devant la porte de M. le Maire, il m'avertit qu'une détonation va se faire entendre, que le pont du chemin de fer va sauter. Ce n'est pas dommage ! Il y avait à la gare depuis six semaines 600 kilos de poudre que l'on gardait jour et nuit. Le pont n'a pas sauté : les mines n'ont même pas été chargées, les barils étaient encore là le vendredi 2 septembre. Ce serait une histoire, c'est inutile. J'étais à peine revenu de l'ambulance, quand un coup de canon retentit, puis un second... Je cours au grenier, qui donne par une fenêtre sur la Meuse ; j'entends alors à ma gauche la décharge d'une batterie de mitrailleuses ; la riposte ne se fait pas attendre ; le feu est engagé sur toute la ligne. A l'aide de ma longue-vue, j'aperçois tous les bois qui couronnent la rive gauche de la Meuse, occupés par les Prussiens ; je descends ; mon presbytère, la maison de tous, était remplie de femmes et d'enfants en pleurs que je cherche à consoler. A partir de ce moment, les obus sont sans cesse dirigés vers ma demeure, mais tous heureusement passent par-dessus et tombent sur la place devant mes fenêtres.

Entre une heure et demie et deux heures, l'ennemi avait passé la Meuse ; on se battait dans la rue d'en bas, dans les jardins, dans la prairie. En passant sous mes fenêtres, les soldats français nous crient : « Sauvez-vous dans vos caves, il n'est que temps. » Je défends de le faire ; j'entraîne ma petite colonie au Montvillers dans l'espoir que l'ambulance serait respectée. J'y entraîne ma mère, au milieu des projectiles qui, heureusement, ne nous firent aucun mal ; ma mère, âgée de 72 ans, se trouve mal, mais, grâce aux soins des personnes qui m'accompagnaient, elle revient à elle. Pour remplir avec plus de sécurité mon ministère, je me fais coudre sur le bras un brassard. Je commence mon service d'aumônier. Il est quatre heures ; un obus abat l'étendard de la Croix de Genève. Je fais couper un arbre dans le parc et hisser par des charpentiers sur le haut de la cheminée de la maison. L'ambulance française arrive à six heures avec son matériel ; le personnel meurt de faim, on le sert ; pendant ce temps je prends toutes les armes et les porte en dehors de la zone où se trouvaient les blessés... Un sifflement se fait entendre, c'est un obus qui passe, nous nous jetons à terre, personne n'est atteint.... Nous commençons notre service actif : les médecins opèrent, on n'entend pas un cri, pas une plainte. En une heure et demie, nous comptions déjà seize morts : ordre avait été donné de les enlever aussitôt pour ne pas effrayer les blessés.

Le 1er septembre 1870, à cinq heures moins un quart, un coup de canon retentit, puis les coups se succèdent, le feu des canons est partout dans le parc, noir de Bavarois. Nos blessés se réjouissent, ils croyaient être entourés de Français ; à sept heures, les balles et les obus pleuvent dans les salles : je fais allumer ; les balles pleuvent toujours. Indigné, je veux me rendre compte de cet oubli des règles. Je m'aperçois que l'étendard de la Croix de Genève n'est pas vu, à cause des grands arbres du parc, et je constate que les projectiles sont français.

De dix heures à onze heures, le bruit augmente, les obus, les balles arrivent plus nombreux ; la consternation s'est emparée de toutes les personnes de l'ambulance.

Vers midi, le 1er septembre, on amène un beau jeune homme allemand, blessé à la tête : à peine m'a-t-il aperçu, qu'il s'écrie : « Oh ! les vaillants soldats que les vôtres ! » Je l'aurais bien embrassé ; je me contentai de l'entrer dans l'ambulance par une des fenêtres de la salle.

A quatre heures, courant à mon service, je m'entends appeler : c'était un capitaine allemand qui amenait mon père ; ma mère n'avait pas été trouvée.

Il est cinq heures du soir ; on parle tout autour de moi de paix ; le feu, en effet, finissait de notre côté et était presque nul partout ailleurs.

Vers six heures, trente ou quarante de mes paroissiens me demandent s'ils peuvent s'en aller. J'avise alors deux officiers

M. L'ABBÉ BAUDELOT
CURÉ DE BAZEILLES EN 1870.

supérieurs et leur demande si mes paroissiens peuvent partir. — Si c'est dans le village qu'ils désirent aller, qu'ils attendent vingt-quatre heures. — Pourquoi vingt-quatre heures ? — M. l'Aumônier, le village sera à la disposition des troupes durant cette suite d'heures... Je parvins cependant à faire partir mes paroissiens, leur recommandant de ne faire que passer chez eux.

La nuit était venue, les habitants, chassés de leurs demeures en feu, arrivaient sans discontinuer. Quelle nuit ! Un marchand épicier, M. Lenoir, père d'un missionnaire en Chine, m'a raconté que les soldats l'avaient forcé de répandre dans sa maison ce qu'il y avait chez lui d'inflammable et d'y mettre lui-même le feu.

Le vendredi 2 septembre, après avoir recommandé à mes paroissiens une grande prudence, je cours aux blessés. L'incendie continuait, mais graduellement ; dans les bonnes maisons, le pillage précédait l'œuvre de destruction et les caves étaient visitées avec soin. Dans la matinée, les habitants qui n'avaient pu se déterminer à quitter leurs demeures, arrivèrent avec quelques meubles qu'ils croyaient pouvoir sauver.

Au moment où j'avisai au moyen de faire partir les femmes, je vis apporter sur un lit, *Remi*, aubergiste et épicier, poitrinaire, alité depuis huit mois ; les soldats l'avaient assassiné. Le capitaine allemand refusa de le recevoir. J'eus toutes les peines du monde pour le faire accepter... Pendant ce temps, les Allemands mettaient le feu aux maisons restées intactes. Le presbytère et l'église flambaient depuis deux heures. Quand je descendis dans le parc, mes paroissiens étaient partis.

Je retrouve une jeune femme, Mme Dumont ou Daumont, fille de M. Herbulot-Baron, cordonnier à Bazeilles.

— Où sont mes paroissiens ?

— On les a chassés.

— Avez-vous vu mon père et ma mère avec eux au moment du départ ?

— Je n'ai pas vu M. Baudelot, mais seulement madame.

— Etait-elle seule ?

— Non, avec Mme R. et Mlle R.

— Savez-vous dans quelle direction elles partaient ?

— Je leur ai entendu dire qu'elles allaient à Lamoncelle, ce qui me paraissait bien vraisemblable.

Je fis comprendre à Mme Dumont qu'il fallait retrouver son mari et sa famille, et comme elle avait beaucoup de dangers à courir, de postes à traverser, de bivouacs à redouter, je la conduisis avec défense formelle de revenir.

Puis je me dis : je n'ai plus d'église, plus de presbytère, plus de paroissiens, plus de paroisse, j'ai rempli, je crois, mon devoir de curé ; il me semble que j'ai le droit de remplir mes devoirs de fils. Je me mets à la recherche de mes parents que je retrouve le troisième jour : mon père, dimanche vers quatre heures, à Villers-Cernay ; ma mère, lundi vers onze heures, à la Chapelle, après avoir été aux informations le dimanche soir.

...J'ai quitté les ruines fumantes de ma paroisse le 2 septembre 1870 ; je n'ai pu rentrer en fonctions dans le diocèse que le 25 juin, malgré les démarches de Mgr Landriot auprès des Allemands.

A cette première lettre qu'à regret nous avons dû abréger, M. l'abbé Baudelot eut la bonté d'en joindre une deuxième, le 16 décembre 1873. Nous la donnons d'autant plus volontiers qu'elle nous fournit l'occasion de rendre témoignage, dans ce *Livre d'Or*, à une famille dont le nom était sur toutes les lèvres durant l'occupation allemande.

Testis unus, testis nullus. Vous pouvez échapper à l'application de cet axiome, qu'un seul témoin est un témoin sans valeur, en voyant Mme *Jules Auger*, née Picard, qui s'est montrée si admirable dans ces tristes journées, et M. et Mme Auger-Thomas..., la plus noble famille de ma paroisse...

Vous voulez montrer que le clergé n'était pas de connivence avec les Prussiens ; je vous livre à ce sujet encore quelques renseignements.

Le 2 septembre 1870, vers cinq heures, quittant Bazeilles je me dirige, à travers les troupes allemandes, sur Lamoncelle où j'espérais trouver ma mère chez M. Damourette, où ces dames avaient dû se rendre d'après mes renseignements ; rien que des Allemands. Chez M. Gaillard, filateur, où je me rends pas de nouvelles ; je fouille le village, rien. Je pars pour Daigny, sur la route duquel je me heurte à des Prussiens marchant sur Bazeilles. A Daigny, je ne trouve personne : les habitants avaient fui le 31 août. Heureusement le Curé rentrait au moment où je me retirais. Sa maison avait été dévastée. De ma mère, pas de nouvelles. Je prie M. le Curé de m'envoyer à Douzy les renseignements qu'il pourra obtenir J'arrive à Douzy, le presbytère est envahi : impossible d'y passer la nuit. Je pars pour Pourru-Saint-Remi, traversant toujours les soldats prussiens, tous en route pour Bazeilles. Heureusement, au sortir de Douzy, je ne rencontre plus de soldats ; un camp avait été formé à Méry... Je causais avec le directeur de la sucrerie, quand un lieutenant me demande le chemin de Méry. J'ai vu là un aumônier français, prisonnier sans doute, car d'autres aumôniers allemands, marchant comme lui avec la colonne, ne nous avaient pas salués ; mais lui, d'un regard, m'avait fait comprendre qu'il était Français. — Je lui donne en cachette la main et je lui dis : « Je suis le Curé de Bazeilles que vous voyez là-bas dans les flammes. »

Me voici à Pourru-Saint-Remi après avoir rencontré des uhlans, des cuirassiers blancs qui ne m'ont rien fait, malgré l'heure avancée. Je suis reçu avec la plus grande cordialité par le bon M. François, qui déjà avait recueilli M. le Curé de

Méry, tout prêt à retourner au milieu de ses paroissiens. Je l'en dissuadai. Le lendemain, je reviens sur mes pas, priant chaque confrère de m'envoyer à Daigny ce qu'il apprendra de mes

INCENDIE ET DÉFENSE DE BAZEILLES.

parents. Je couchai pour cette raison dans ce pays la nuit du 3 au 4 septembre. Le dimanche 4, après avoir célébré la Sainte Messe, Dieu m'inspire d'aller à Francheval, chez l'abbé Namur;

j'espère que mon père est à Villers-Cernay. Fatigué, j'y envoie un exprès ; il m'apprend que mon père y est, mais sans ma mère. Je laisse mon père en ce pays ; je me dirige vers Bouillon ; à mon arrivée, on m'entoure, on se réjouit, car je passais pour avoir été fusillé. Après avoir remercié les personnes qui m'entourent, je me mets de suite à la recherche de ma mère. Mme Philippe Thomas m'apprend qu'elle est chez le maire de la Chapelle, M. Riché. Je veux partir, tout le monde s'y oppose. Le lendemain donc, de bon matin, je vais à la Chapelle, je trouve ma pauvre mère qui ne cessait de me pleurer comme mort.

Nous partons pour Villers-Cernay, pour profiter de la gracieuse hospitalité que m'avait offerte M. l'abbé Hunin. Mais à peine arrivés, nous apprenons que deux batteries d'artillerie doivent s'y rendre avec trois à quatre cents hommes. Ma mère ne veut rien entendre, elle veut partir ; elle ne pourra jamais supporter la vue des Prussiens. Nous dûmes partir pour Bouillon ; le bon Dieu nous fit rencontrer M. Vervacq, adjoint de Bazeilles, se rendant à Sedan avec sa femme ; il m'offrit d'aller chez un de ses parents, à Bouillon, qui avait une chambre libre. Nous arrivons à Bouillon, la chambre était en effet encore libre ; elle nous fut gracieusement accordée. Il n'y avait, il est vrai, que deux lits de paille, mais du moins mes bons vieux parents étaient à couvert, dans un pays de 1900 habitants qui abritaient plus de dix mille personnes, sans compter la garnison.

M. l'abbé Dereppe, doyen, a été très bon pour moi durant les quelques jours que j'ai été son paroissien. Dans les circonstances de la guerre, il a été admirable de bonté et de dévouement pour le diocèse de Reims (1).

---

1. M. le doyen de Bouillon, l'abbée Dereppe, fut nommé chanoine honoraire de Reims par Mgr Langénieux. Ce fut une véritable joie pour le Diocèse.

Le mardi 13 septembre, l'abbé Baudelot partit pour Roubaix et, comme nous le disions à la fin de la première lettre du curé de Bazeilles, il ne revint dans le Diocèse de Reims que le 25 juin 1871, étant toujours sous le coup de sa condamnation à mort prononcée par l'administration allemande.

Les désastres de Bazeilles furent promptement et noblement réparés. Nous renvoyons à la troisième partie le récit de tout ce qui fut entrepris en ces tristes circonstances. Ce sera l'histoire de nombreux dévouements.

La liste officielle des personnes mortes ou disparues se trouve dans l'ouvrage de M. l'abbé Leflon (1).

Pendant que les habitants de Bazeilles, dans l'épouvante, cherchent un asile loin de leur demeure en feu, d'autres localités voisines sont également dans la terreur ; disons un mot de chacune d'elles ; signalons surtout les victimes.

Falaise (Vouziers). — Le 27 août 1870, l'extrémité d'une aile de l'armée de Mac-Mahon, plus de 80,000 hommes, occupaient le village et le territoire de Falaise. Un combat semblait imminent : il n'eut pas lieu, les Français ayant cru devoir lever secrètement le camp, vers dix heures du soir. Aussitôt apparurent des éclaireurs prussiens, qui avaient avec eux M. *Doury*, notaire et maire de Savigny-sur-Aisne.

Les ennemis, dès le lendemain matin, entrent dans le village : ils pénètrent chez M. Guillaume, dit Jean-la-Roche, où s'étaient cachés deux soldats français retardataires, à l'insu des habitants. Les uhlans déchargent leurs pistolets sur eux : quoique blessés, les soldats s'échappent. L'un d'eux, en se sauvant, transperce un uhlan de sa baïonnette et fait feu sur

---

1. Voir l'abbé Leflon, p. 79.

un autre. Les Prussiens, témoins de ce drame, poussent des cris de rage, poursuivent indistinctement les habitants, hommes, femmes et enfants, en arrêtent une partie et font menaces de mort. Un maraudeur, nommé *Tilly*, de Savigny, poursuivi par un uhlan, jette les fusils qu'il a ramassés dans le camp français, accourt chez un de ses amis, M. *Busquet*, maçon, qui, pour cet acte de générosité, reçoit dans l'oreille une balle de pistolet.

Le feu est mis aux quatre coins du village. Une jeune femme, *Julina Henrion*, épouse Didier, donne forcément aux ennemis du pain, du vin et des allumettes, puis aussitôt saisie, elle est renfermée dans sa demeure à laquelle on met le feu. Grâce à son énergie, elle enfonce une porte et se sauve à travers les flammes. Une demoiselle âgée, *Cécile Gallet*, retenue au lit par un mal de pied, échappe à la mort, le feu ne voulut pas prendre à sa maison, ni à la voisine. Cinq habitants de Falaise, n'ayant plus de demeure, se sauvent à Voncq ; le lendemain, au moment de l'incendie de ce dernier pays, ils sont saisis, condamnés à mort et conduits à Reims avec d'autres innocents. Après vingt jours de la captivité la plus dure, ils purent rentrer à Falaise. Un de leurs compagnons, infirme, n'ayant pas pu suivre le cortège, fut tué et abandonné sur un tas de pierres.

Voncq. — Dans une brochure très intéressante : *Les Prisonniers de Voncq*, août et septembre 1870, par M. A. Deloffre, on trouve de très précieux renseignements sur l'épisode de l'invasion allemande dans les Ardennes, relatifs à cette commune ; nous n'emprunterons à ce travail (1) que ce qui concerne les victimes, mais nous laissons tout le mérite à l'auteur.

---

1. Brochure imprimée à Landrecies par Paul Deloffre.

C'était le dimanche 26 août 1870 ; le 1ᵉʳ corps de l'armée

VUE DE BOUILLON.

de Châlons, commandé par le général Ducrot, était campé sur

le coteau de Neuville et sur celui de Voncq. La division de cavalerie du général Michel occupait la vallée du côté de Terron.

A cinq heures du matin, le général Ducrot reçoit du maréchal Mac-Mahon l'ordre de se porter en avant et de rallier à tout prix l'armée de Metz (1). Quelques soldats, attardés dans les cabarets, à leur sortie, rencontrèrent quelques éclaireurs ennemis et tirent sur eux. L'un des éclaireurs tombe et forme obstacle au passage; aussi, cinq ou six chevaux, lancés à toute vitesse, s'abattent au même endroit, entraînant leurs cavaliers. La trompette sonne; un jeune officier se dresse sur ses étriers et s'écrie en bon français : « *A feu et à sang ! n'épargnez personne !* »

L'alarme est jetée dans la commune : les femmes, les enfants, les vieillards épouvantés prennent la fuite et vont se réfugier dans les bois; les soldats français s'esquivent. L'un d'eux, armé d'un fusil de chasse, s'enfuie, mais le jette tout chargé. Le propriétaire, *Honoré Charlier*, le reprend pour le cacher. Des cavaliers prussiens le poursuivent. Se voyant perdu, il tue celui qui est le plus rapproché de lui, mais lui-même tombe, frappé de deux balles et lacéré de nombreux coups de sabre. Les ennemis le dépouillent et laissent sur sa poitrine son porte-monnaie ouvert.

Le village est mis au pillage; les Allemands y mettent le feu et activent l'incendie avec de l'essence de pétrole. Cent trente-huit ménages se trouvent sans asile et sans meubles.

Des hommes de la commune, au nombre de trente-trois, tombent entre les mains des ennemis; au nombre de ces victimes, se trouvent l'instituteur, un notaire, un major de

---

1. *Journée de Sedan*, par le général DUCROT. Paris, E. Dentu, 1871.

cavalerie en retraite, un enfant de quatorze ans ; les autres sont des cultivateurs honnêtes et paisibles. Ils sont à peine chaussés et vêtus.

Au lendemain de cette honteuse journée, le roi Guillaume expédiait de Grand-Pré, le 30 août 1870, la dépêche suivante :

« Le village de Voncq, entre Vouziers et Attigny, occupé par des troupes d'infanterie, surtout des turcos, a été pris hier par deux escadrons de hussards prussiens.

» Le village est sur la hauteur ; la position est forte. Les troupes qui le défendaient ont été faites prisonnières (1). »

Une victoire remportée sur vingt soldats sans chef, sans discipline, est en effet bien remarquable (2). La dépêche royale aurait dû mentionnner l'assassinat d'un vieillard sans défense, *Jean-Pierre Lebée*, tué, malgré ses soixante-dix-huit ans, sous les yeux de sa belle-fille et de son petit-fils.

Les trente-trois prisonniers de Voncq, étroitement garrottés, les mains liées derrière le dos, attachées quatre par quatre à la selle des chevaux, furent conduits brutalement par cinquante hussards à Vouziers, par la route de Terron, où dans un moment de halte, ils furent fouillés par les soldats : l'officier eut pour sa part 990 francs, encore... ; à Vrizy, le major Verrier se voit arracher son ruban de la Légion d'Honneur. Le sieur Daire-Lebée reçoit dans le ventre un coup de pointe de sabre, se traîne jusqu'à Vouziers où les prisonniers arrivent à une heure de l'après-midi. Le prisonnier fut recueilli dans une ambulance suisse ; ses compagnons d'infortune furent entassés

---

1. Ces nombreux prisonniers se réduisent à trois zouaves.
2. Une dépêche de Varennes, 30 août, 2 h. 20 min. du soir, s'exprime ainsi sur le même événement : « Deux escadrons de hussards prussiens ont pris d'assaut le village de Voncq, où ils ont fait de nombreux prisonniers, turcos, fantassins et pompiers. — Signé : de Podbielski. » — *Recueil des dépêches allemandes. — Guerre 1870-1871.* Paris.

dans la salle, très étroite du greffe de la justice de paix. Les malheureux sont calmes ; ils écrivent au crayon leurs dernières volontés ; ils sont prêts à mourir avec courage.

M. l'abbé Bouché, archiprêtre de Vouziers, guidé par un aumônier allemand, se rend chez le général prussien et demande la grâce des prisonniers : « Non, répond le général, ce sont des brigands ; ils méritent la mort et ils mourront. » M. l'Archiprêtre fut cependant autorisé à les visiter. M. Bouché, à deux reprises, se présente devant le duc Guillaume de Mecklembourg, qui préside un conseil à l'hôtel-de-ville et leur recommande les habitants de Voncq. Il lui est permis de leur adresser quelques paroles, mais par les fenêtres du greffe. M. le Maire de Vouziers s'occupa également des prisonniers, mais ses efforts généreux demeurèrent sans succès.

Par l'ordre du duc de Mecklembourg, les habitants de Voncq, liés comme à leur arrivée, escortés par trente cuirassiers du 6e régiment de Brandebourg, sont promenés à travers la Grande-Rue, livrés en spectacle aux regards des habitants consternés.

Le bruit se répand que les prisonniers vont être fusillés. M. l'Archiprêtre, c'est toujours M. Deloffre qui parle, se jette aux genoux de l'officier qui conduit le peloton et le supplie de lui donner quelques instants pour préparer ceux qui doivent mourir... A ce moment, un coup de revolver part subitement, blesse une jeune fille et jette la consternation dans le pays.

Un paralytique dès l'enfance, Ed. Miroy, ne pouvant plus marcher malgré l'aide de ses compagnons d'infortune, après avoir été roué de coups, est tué par les soldats à un kilomètre de Vouziers, au lieu dit : *Bois-de-l'Accord*. M. l'Archiprêtre le recueillit le lendemain et lui donna la sépulture. La colonne, pendant ce temps, marchait vers Monthois où elle arrivait vers cinq heures du soir. Le général qui y commandait fait subir un

CONVOI DE PRISONNIERS.

interrogatoire aux prisonniers ; ils affirment qu'ils n'ont pas tiré sur les soldats prussiens. Un soldat français, qui se trouvait avec eux, en habit civil, sort des rangs et confirme leur dire, et déclare que lui seul a pris part à la lutte. On le sépare, mais les accusés n'en sont pas mieux traités : on les ramène à jeun à Vouziers, et de nouveau ils sont enfermés au greffe. On les laisse sans nourriture, et cependant ils avaient marché plus de trente kilomètres. Ce n'est que le lendemain, mardi, à huit heures du matin, qu'ils reçurent trois cents grammes de pain noir et de l'eau. Ainsi en fut-il jusqu'au dimanche soir.

Le 31 août, pendant que dix mille Allemands, établis à Voncq, pillaient et dévalisaient toutes les maisons et l'église, les prisonniers furent conduits à Attigny et enfermés dans l'église où les soldats leur apportèrent une soupe grossière qu'ils n'avaient pas voulu manger. Les exercices du culte sont suspendus.

Dans la soirée du 1er septembre, les habitants de Voncq quittent Attigny et sont dirigés vers Juniville. On leur adjoint une malheureuse en haillons, accusée par les soldats d'avoir empoisonné leurs camarades. La troupe traverse, par des chemins affreux, Saulces-Champenoises, le Mesnil-Annelles, et arrive à Juniville. L'église est encore choisie comme lieu de détention ; le curé, l'institutrice, originaire de Voncq, font distribuer aux prisonniers de la soupe, du vin, du linge et des chaussures.

Dans la journée, le duc de Mecklembourg, venant de Sedan, arrive à Attigny. Après les vives instances que lui avait faites le maire de Vouziers, réitérées par M. L. et M. D., d'Attigny, au domicile duquel il se trouve, il accorde la liberté au major Verrier. Un exprès est expédié à Juniville et délivre le prisonnier, relâché sur parole, après avoir juré de se représenter le lendemain devant l'autorité prussienne.

Les prisonniers de Voncq quittent Juniville à onze heures

du matin, et sont dirigés sur Reims, en passant par Mesnil-l'Épinois, Warmeriville et Witry. Ils arrivent à Reims à neuf heures du soir, pâles, défaits, atteints de dyssenterie, mourants de faim. On les jette en prison dans une salle étroite ; le geôlier français leur fit don d'un peu de pain. Le lendemain 5 septembre, le Roi de Prusse entrait dans la ville. Le lieutenant Von Albert, de la police royale, logeait chez M. le docteur Brébant, conseiller municipal, qui avait habité Voncq de 1853 à 1864. Grâce à ce lieutenant de police, le docteur peut arriver jusqu'auprès des prisonniers : il leur fait donner du linge, du vin et des aliments. Mgr Landriot se rend le 12 septembre chez le Duc Guillaume de Mecklembourg, pour demander leur grâce. Dans l'après-midi une commission est réunie : M. le docteur Brébant plaide devant elle la cause des accusés ; ses généreux efforts sont couronnés de succès : les prisonniers sont mis en liberté, munis de passeports prussiens ; les habitants de Voncq quittent Reims de suite. Il était cependant sept heures du soir. Ils parcourent à pied les neuf lieues qui séparent Reims de Pauvres. De là ils sont transportés en voiture pendant un trajet de trois lieues et arrivent à Voncq le 2 septembre à onze heures du matin. Mais, hélas ! ils ne retrouvaient que des ruines et des cendres.

Livrons à la postérité le nom de ces victimes : *François Nicole ; Daire Louis ; Daire Benjamin ; Miroy-Légois ; Miroy Edouard ; Nicole Tourneux ; Henri son fils ; Godbillot Joseph ; Dodeuil Nicolas ; Aimond Génin ; Boitel Alex. ; Bourgeois J.-B. ; Oudart aîné ; Daire-Noël ; Daire-Lebée ; Potier-Bourgeois ; Maizière-Neveux ; Hubignon-Billeron ; Lecomte-Charbonnier, notaire ; Javelot, instituteur ; Gallet Isidore ; Gallet Céleste ; Verrier, major en retraite*, tous de Voncq ; *Lejort-Jeanty*, de Semny ; *Ledarné*, de Jonval ; *Mayet*

Nicolas, des Alleux ; *Adam J.-B.*, de Neuville-Day, ainsi que *Dallier Victor* ; *Renaudin J.-B.* ; *Fuzellier J.-B.* ; enfin, de Falaise : *Bardel Louis* ; *Nivoit Théodose* ; *Falmain-Fulgence* ; *Flomain Théophile*, qui avaient voulu fuir au moment de l'incendie de ce pays, et *Drème Charles*.

Chestres (Vouziers.) — Le dimanche 28 août 1870, les troupes françaises cantonnées à Chestres et dans les environs quittent le pays. Alfred Trubert, ayant fait la conduite au général Douai et rentrant au pays, un fusil en bandoulière, est pris et dirigé avec d'autres prisonniers au fort de *Lechfeld*, près d'Augsbourg, et y resta durant la guerre.

Des francs-tireurs, au milieu de décembre, attirent sur le pays de terribles représailles. Ils avaient inquiété les Prussiens : ceux-ci menacent de mort les habitants, leur imposent de lourdes réquisitions, pillent, brûlent et font éprouver à la commune des pertes pour 133.700 francs. Ils s'emparent du maire et de onze individus, en relâchent sept, moyennant une somme de 200 francs, et conduisent les autres à Reims, les jettent dans un cachot et ne leur donnent que du pain et de l'eau. Menacés de perdre la vie, ils obtiennent de ne pas être mis à mort, mais ils durent recevoir quarante coups de nerf de bœuf. Enfin, après de nombreuses démarches, M. l'abbé Bouché, archiprêtre de Vouziers, obtint des autorités allemandes la grâce de ces malheureux, qui revinrent au pays méconnaissables.

Beaurepaire. — Vers la fin d'octobre, quelques francs-tireurs au nombre de sept ou huit, attirent, eux aussi, sur Beaurepaire de grands malheurs. Postés dans les bois, ils inquiètent les Prussiens. Le 23, ils tuent un capitaine et dix soldats. La ruine d'Olizy et de Beaurepaire est décrétée. Le commandant de Grandpré veut bien pardonner, à condition que les attaques cesseront. Le maire d'Olizy fut cependant fait prisonnier, conduit à Nancy, où il resta durant trois mois. La commune donna 7.000 francs pour sa délivrance.

Une nouvelle attaque a lieu le 31 du mois. Des Prussiens sont tués. Olizy et Beaurepaire cette fois seront détruits. Olizy échappe cependant encore à la ruine, mais tout fut brûlé dans Beaurepaire, sous les yeux des habitants enfermés et gardés dans une masure. Nos ennemis n'ont pas besoin de prétexte pour sévir ; souvent les plus innocents sont inquiétés, comme le prouve le trait suivant.

Balan. — Le lendemain de l'horrible carnage de Bazeilles, le 2 septembre, au soir, M. l'abbé *Laurent*, curé de Balan, âgé de 65 ans, est accusé d'avoir donné des munitions aux Français, d'avoir tiré des coups de fusil, même d'avoir pointé un canon. On ne pouvait formuler une accusation plus ridicule, connaissant les mœurs du curé, le plus doux, le plus pacifique des hommes.

Les Bavarois le saisissent, font perquisition dans le presbytère et trouvent une arme bien inoffensive, une hallebarde de suisse destinée à chasser les chiens de l'église. C'est trop, le curé est coupable ; il est traîné, les mains liées, en dehors du village et mis en jugement. On ne peut rien articuler contre l'innocent prêtre ; n'importe, il subira un nouveau jugement ; il est gardé à vue.

Le samedi 3 septembre, M. l'abbé Laurent, après avoir passé la nuit dans le camp prussien, part, par un temps affreux, avec le corps d'armée se dirigeant vers Paris. La victime, toujours les mains liées, arrive à Sainte-Marie-à-Py, près de Saint-Souplet. A Ville-sur-Retourne, M. l'abbé Cellier, curé de l'endroit, trouve le moyen de donner à M. l'abbé Laurent, mourant de froid, une de ses houppelandes. Le curé de Balan suit toujours le corps d'armée : le 16 septembre, il arrive à Châtenay (Seine), jour où commençait l'investissement de Paris ; il reçoit pour nourriture un peu de pain, et de la paille pour se reposer. Le jeudi 29, il est cité devant ses juges. Son innocence est reconnue ; le président le met immédiatement en liberté et l'interprète lui offre de le faire reconduire à Reims. M. le Curé part le vendredi matin, arrive à Reims le dimanche 1er octobre, se rend chez Mgr Landriot, qui lui témoigne sa joie de le revoir, et va de là chez M. l'abbé Tourneur, vicaire général, où il reçoit l'hospitalité la plus affectueuse. Nous tenons ces renseignements de M. l'abbé Laurent lui-même, qui eut la bonté de nous écrire, quelques jours après son retour à Balan.

Le récit qui va suivre et que nous avons extrait d'un manuscrit laissé par la victime elle-même, est une preuve nouvelle de la crainte que le clergé catholique inspirait aux Allemands : aussi ils avait juré de le terroriser.

Aubigny. — Vers la fin du mois d'octobre 1870, M. l'abbé *Délétang*, curé d'Aubigny, se trouvant à Charleville, apprend que les Prussiens ont demandé, par lettre, une forte réquisition aux habitants de sa paroisse. La donner sans réclamation, lui paraît une lâcheté, une faiblesse honteuse. Il persuade donc à ses paroissiens qu'il est de leur dignité d'attendre que l'on vienne la chercher. Les Prussiens ne pardonneront pas ce conseil. Pendant que dans le pays on organise la défense, ils arrivent à Aubigny, au nombre de 2.500 soldats, du 14e et du 64e régiment, cernent le pays, gardent à vue la demeure du curé accusé d'être l'organisateur de la défense.

C'était le jeudi 27 octobre, vers trois heures de l'après-midi, M. Lecerre, maire, se présente au presbytère avec le colonel prussien, demande les clefs de l'église pour y loger les soldats. Le curé refuse, le colonel insiste avec vivacité ; mais la clef n'est pas là, elle est chez M. l'Instituteur. On se rend à l'école immédiatement. Dans le trajet, le colonel menace l'abbé Délétang qui lui répond : « Je ne vous crains pas. » Le colonel impose silence au curé et lui porte deux coups d'épée en pleine poitrine. La soutane percée est là pour attester le fait. Le curé est arrêté : dans l'espace de 40 à 50 mètres, il reçoit des coups de plat de sabre, de crosse de fusil, il est frappé du pied et de la main. Pendant ce temps-là, le presbytère était au pillage et occupé par cinq chefs, deux médecins et leurs domestiques. M. l'abbé Délétang rentre chez lui, et passe la nuit sur une chaise : le vendredi il obtint à grand'peine un matelas.

Le samedi 29 octobre, l'ordre est donné de rapporter toutes les armes. L'abbé avait un petit fusil, il veut le jeter à l'eau ; les Prussiens perfidement lui persuadent de n'en rien faire ; ils le dénoncent. Ce fusil, trouvé à la maison, devient le prétexte de la vengeance méditée depuis trois jours. Le curé est condamné à recevoir 100 coups de bâton. Sans M. le Maire, il eût été fusillé ; il aurait certainement moins souffert.

Quatre soldats, conduits par un chef, s'emparent de la victime, l'entraînent au grenier, la couchent sur un panier à fruits, lui relèvent sur la tête sa soutane, la dépouillent de ses autres vêtements et la frappent sans merci. Le patient garde le silence ; mais bientôt la douleur, plus forte que la volonté, lui arrache des cris qui émeuvent ceux qui les entendent. Bientôt il se tait ; il a perdu connaissance. Les soldats l'abandonnent. Sa mère monte en cachette ; il respirait encore. La domestique apporte un matelas et des draps. Le curé revient enfin à lui, se roule comme il peut sur sa couche et passe la nuit dans des douleurs indescriptibles.

Une heure après cette terrible flagellation, la domestique de M. Tharel, dont nous parlerons dans un instant, venait chercher l'abbé Délétang, pour confesser son maître, condamné à mort. Ce fut le curé de Flaignes qui le remplaça.

Le dimanche 30 octobre, le chef qui avait présidé à la flagel-

M. L'ABBÉ DÉLÉTANG
CURÉ D'AUBIGNY.

lation, vint voir sa victime. Il est tout étonné de la trouver couchée ; il refuse d'envoyer un médecin. Il en vint un cependant qui ne fit qu'inspecter les plaies sans donner aucun soin. Le curé demeura trente-cinq heures sans secours ; sa mère avait reçu la défense formelle de monter.

Les Prussiens quittent le pays le 31. Une heure après leur départ, M. Tellier, notaire, nommé maire par les Allemands, signifie à M. le Curé de ne pas quitter le grenier. Malgré cela, on l'en descendit, mais à grand'peine, à cause de ses blessures et de sa corpulence (il pesait 130 kil.) M. Desplons, médecin à Liart, visita M. le Curé d'Aubigny ; en sortant, il affirma qu'il était impossible de le sauver : c'était le désir du colonel, qui avait signifié, sous peine de mort, de ne pas s'occuper de lui et qui lui avait enjoint de ne pas le laisser quitter le pays.

Malgré la défense qui lui a été faite, M. le Curé d'Aubigny parvint à quitter le pays, durant la nuit. Il fut recueilli par M. l'abbé Legros, curé alors à Sévigny-la-Forêt, qui lui prodigua les soins les plus affectueux. Tous les prêtres des alentours rivalisèrent de bonté pour le blessé, qui se rendit à Rocroi, le jeudi 10 octobre, sur la pressante invitation de M. l'Archiprêtre. Le médecin en chef de l'hôpital militaire, M. le docteur Benoit, entreprit de le guérir ; la gangrène s'était mise dans ses plaies : il fut assez heureux pour y parvenir. M. le Curé toutefois ne survécut pas longtemps. Il mourut dans une maison de santé, d'hydropisie par suite de maladie de cœur.

Aubigny eut une autre victime, dont nous avons déjà prononcé le nom et qui, condamnée à mort, avait réclamé le ministère de M. l'abbé Délétang. Nous voulons parler de M. *Tharel*, notaire du pays (1).

---

1. M. l'abbé Mimil, curé de Thugny (Rethel), écrivait à Mgr Landriot, le 22 novembre 1870.... « Madame la Comtesse de Chabrillan, ayant su qu'on n'attendait qu'un ordre du Quartier général pour procéder à l'exécution de M. Tharel, s'est empressée d'écrire au Roi pour lui demander la grâce de ce malheureux père de famille : il sera peut-être trop tard.

» ..... L'ordre d'exécuter ce malheureux va peut-être arriver avant que la lettre de Mme la Comtesse de Chabrillan au Roi lui soit parvenue. Je ne sais quelle mesure Mme la Comtesse a pu prendre contre une telle éventualité, et j'ai pensé qu'il était

L'Invasion Allemande.

« Il fut amené à Reims, le 18 octobre, et mis en prison avec trois médecins de la ville. Interrogé sur les causes de son arrestation, voici ce qu'il raconta : « Pour son malheur, on l'avait récemment, et presque malgré lui, nommé capitaine de la garde nationale, à laquelle des fusils rapportés de Rocroi avaient été distribués. Ces armes avaient été chargées à l'occasion d'une reconnaissance opérée dans la région par un détachement de mobiles qui s'étaient fait accompagner par les gardes nationaux de la commune.

» Quelques jours plus tard, les Allemands arrivèrent à Aubigny. Ils ne furent pas attaqués, mais ils surent qu'on y avait distribué des armes dont la plupart étaient encore chargées. Ils imputèrent ces préparatifs de défense, qui n'avaient d'ailleurs abouti à aucune agression, au capitaine, qui y était resté presque absolument étranger, et qui néanmoins allait en porter la responsabilité.

» On l'arrête sous l'inculpation d'organisation de corps de francs-tireurs, de distribution d'armes et de manœuvres contre l'armée allemande. Traduit devant un conseil de guerre, ému de l'accusation qui pesait sur lui, il se trouble, hésitant dans ses réponses, se trompant dans des détails et donnant par ses erreurs et ses hésitations des armes contre lui. On le condamne à mort.

» Le lendemain, on le fit sortir de la prison, en lui annon-

---

bon que Votre Excellence soit avertie de ce qui se passe pour qu'Elle puisse aviser et prévenir un malheur s'il se peut. »

Sur la lettre de M. l'abbé Mimil à Mgr l'Archevêque, Mme la Comtesse a ajouté ces lignes : « M. le Curé m'ayant communiqué sa lettre, je crois devoir ajouter que j'ai l'honneur d'être connue personnellement du Roi de Prusse, et que j'ai pris des mesures pour que ma lettre lui parvienne le plus rapidement possible. J'espère que l'intervention de Votre Excellence ne sera pas nécessaire, mais s'il fallait obtenir un sursis, j'ai pensé que Votre Excellence pourrait faire valoir le caractère particulier de mon intervention auprès du Roi. »

çant qu'il allait être fusillé. On le conduisit garrotté devant le peloton d'exécution. Contrairement à l'usage, on ne lui banda pas les yeux ; il put voir les fusils s'abaisser, les canons dirigés sur sa poitrine ; il attendait, dans la suprême angoisse du dernier moment, le signal de la mort. Mais à un commandement de l'officier, les fusils se relevèrent : on le détacha et on l'emmena, en lui disant que l'exécution était ajournée au lendemain. Depuis une semaine, on le conduisait d'étape en étape, avec la même menace renouvelée chaque jour. C'est dans ces conditions, sous la conduite de soldats, aujourd'hui ses gardiens, demain peut-être ses bourreaux, qu'il avait fait le trajet d'Aubigny à Reims.

» Il termina ce lugubre récit, fait avec une bonhomie stoïque et résignée, par cette question à M. Thomas (le docteur), qui l'observait en l'écoutant : « Croyez-vous qu'ils me fusilleront ? » — « Je ne le pense pas ; s'ils avaient voulu le faire, ce serait déjà fait. Mais comment après une semaine agitée d'aussi poignantes émotions, avez-vous encore cette figure sereine et cette apparence de santé ? » — « Que voulez-vous, Monsieur, on s'accoutume à tout. »

» Il dut, en effet, pendant des jours, des semaines et des mois, s'accoutumer à l'idée de la mort. Tous ceux que leurs fonctions ou leurs devoirs appelaient à l'hôtel-de-ville à cette époque, purent voir pendant deux longs mois ce malheureux qui vivait dans une impassible résignation, sous le coup de cette condamnation capitale et de cette exécution imminente et toujours ajournée.

» On multipliait les démarches en sa faveur : l'Archevêque de Reims, qui avait intercédé pour lui, n'avait reçu qu'une réponse impitoyable. Les jours du prisonnier étaient comptés : six semaines après son arrivée à Reims, sa dernière heure allait sonner. Le 23 décembre, le cercueil avait été apporté à la Mairie, l'exécution était fixée au lendemain.

» On se rattachait pourtant à un dernier espoir, une démarche suprême que sa courageuse femme tentait à Versailles. On redoubla d'instances pour obtenir encore un ajournement ; on intéressa le piétisme allemand, en faisant valoir le caractère sacré des fêtes de Noël que cette exécution allait ensanglanter on obtint un dernier sursis.

» Mme Tharel, qui, de son côté, avait vainement fait appel à la clémence de ceux qui tenaient la vie de son mari entre leurs mains, se jeta un jour, dans les rues de Versailles, folle de désespoir, dans les pieds du cheval du prince Frédéric qui passait, suivi de quelques officiers ; le prince s'arrêta ; on transporta la pauvre femme dans une maison voisine.

» Elle demanda, au milieu des sanglots, la grâce de son mari, de Tharel, qu'on allait fusiller à Reims. — « C'est fait, » dit au prince un officier de la suite, à demi-voix, assez haut pour être entendu de celle que ce mot cruel faisait déjà veuve. Elle eut un moment d'angoisse terrible ; elle était arrivée trop tard ! Le prince la rassura et lui promit son intervention s'il était encore temps.

» Le sursis avait heureusement assez prolongé l'existence du condamné, pour que la grâce arrivât avant la mort. Le 7 janvier, on notifia à M. Tharel que la peine capitale qu'il avait encourue était commuée en un emprisonnement en Allemagne ; le lendemain même il partait. Ce n'était pas sur une forteresse, comme ses compatriotes, qu'il était dirigé ; c'était dans un véritable établissement pénitencier, la maison de *Force de Werden*, en Prusse, qu'il allait subir sa peine en compagnie de malfaiteurs condamnés de droit commun. Rasé, revêtu de la livrée de la prison, astreint au dur régime des maisons de force, il y resta longtemps encore après la conclusion de la paix, et fut un des derniers Français rendus à la liberté et à la patrie (1). »

Reims. — Au moment où M. Tharel fut amené à Reims et mis en prison, trois médecins de la ville venaient d'y être conduits, par ordre de l'autorité allemande. Il y avait à peine deux heures qu'ils étaient incarcérés. Écoutons encore M. Diancourt.

« La brusque suppression de l'*Indépendant rémois* évita probablement à ses rédacteurs le sort de trois de leurs concitoyens, les docteurs *Brébant*, *Thomas* et *Henri Henrot*, qui furent arrêtés, le 18 novembre, par l'autorité militaire.

» On s'était présenté chez chacun d'eux au début de la soirée. Le Sous-Préfet procéda à l'arrestation de M. Thomas. L'officier chargé de s'assurer de la personne de M. Henrot avait logé pendant quelques jours chez lui, la semaine précédente.

» Sans leur permettre de rien emporter, ni même de changer de vêtements, on les avait conduits à l'hôtel-de-ville et enfermés dans les vieux bâtiments qui servent de bureaux à la Caisse d'Épargne. Ils y passèrent la nuit, et, à la pointe du jour, on les fit monter en wagon pour les conduire en Allemagne.

» La municipalité de Reims n'eut connaissance que le lendemain de l'arrestation de MM. Brébant, Henrot et Thomas. Elle s'empressa de communiquer cette triste nouvelle au

---

1. Ouvrage de M. DIANCOURT.
Le maire de *Bétheniville*, M. Barbier d'Escanevelle, a été plus heureux. Un soldat prussien avait été tué sur le territoire de la commune. On arrêta le maire et on l'amena à Reims. Conduit devant un officier supérieur chargé d'instruire l'affaire, celui-ci le menaça de le faire fusiller. Il l'en défia publiquement, avec un superbe mépris de la mort ; il fut relâché.

Conseil, à qui cette mesure arbitraire enlevait deux de ses membres.

» Celui-ci pria M. le Maire d'user de toute son influence en faveur de nos compatriotes prisonniers, et il vota une adresse au gouverneur général pour le prier de revenir sur cette mesure que rien ne semblait motiver. Les démarches du maire et de la mairie n'eurent aucun résultat. On se contenta de répondre à cette intercession, en indiquant les griefs formulés contre les inculpés et qui étaient au nombre de trois : correspondance avec le gouvernement français siégeant à Tours ; — enrôlements de volontaires ; — formation de compagnie de francs-tireurs.

» On avait en même temps sommairement informé le public dans une communication publiée par le *Moniteur officiel Allemand* dans son numéro du 22 novembre et qui était libellé comme suit :

« PUBLICATION :

» *Trois habitants de Reims, Messieurs les docteurs Thomas,*
» *Brébant et Henrot, gravement inculpés de machinations*
» *ennemies contre l'occupation allemande, ont été arrêtés et*
» *provisoirement internés dans la forteresse de Magdebourg.*
» *Reims, le 21 novembre 1870.*

» *Le Gouverneur général,*

» DE ROZENBERG-GRUSZCZINSKI. »

» C'était en effet sur la forteresse de Magdebourg que nos concitoyens avaient été dirigés, et c'est là qu'ils furent emprisonnés jusqu'à la fin de la guerre, sans qu'aucune instruction, aucune enquête, aucun jugement soient intervenus pour établir la réalité des faits qui leur étaient imputés.

» Lorsqu'ils demandaient à être jugés, on se contentait de leur répondre qu'on n'avait pas relevé contre eux de faits de nature à motiver une condamnation, mais qu'on jugeait leur présence dangereuse à Reims et qu'on les retenait prisonniers par mesure de sûreté.

» Le docteur Thomas ayant été nommé député aux élections du 8 février, une députation de conseillers municipaux se rendit auprès du prince de Hohenlohe qui remplaçait en ce moment, à Reims, le gouverneur général, pour lui demander sa mise en liberté et celle de ses co-détenus. Leur requête fut cette fois accueillie sans difficulté. Quelques jours après, MM. Brébant et Henrot reprenaient leur place au conseil (1). »

» Ces Messieurs ne furent pas les seuls inquiétés à Reims. On sait ce qui arriva, dans cette ville, lors de l'entrée du Roi, le 5 septembre, accompagné du comte de *Bismarck*, du maréchal de *Moltke*, du général *Stock*, intendant général de l'armée, du chef de la police *Stieber*, et d'un nombreux état-major. L'Archevêché avait été réquisitionné pour le recevoir. Il occupa les appartements qui avaient été ceux du roi Charles X, lors de son sacre. Il y séjourna plusieurs jours. Tandis que ses troupes s'ébranlaient dans la direction de Paris, il y reçut, dans un banquet royal, les grands ducs, les ministres et tout le haut état-major allemand (2). Il y exerça même la plus belle prérogative de la toute-puissance royale, le droit de grâce, dont ses courtisans lui ménagèrent l'occasion.

» A la suite du coup de feu tiré devant la façade du *Café Louis-XV*, le jour de l'entrée des troupes, plusieurs officiers

---

1. Ouvrage de M. Diancourt.
2. Une invitation avait été adressée à Mgr l'Archevêque, qui fit comprendre qu'il ne pouvait pas l'accepter. M. Dauphinot en reçut également une, mais il pria M. de Bismarck de vouloir l'excuser auprès du Roi... Quoi que l'on en ait dit, personne à Reims ne fut présent à ce banquet.

supérieurs s'étaient rendus dans cet établissement. Ils avaient fait subir un long interrogatoire à son propriétaire M. *Jacquier*, qui protestait à bon droit de sa complète innocence. Il disait, et sa parole était dans une certaine mesure confirmée par l'officier sur lequel le coup avait été tiré, que l'auteur de la tentative, après être sorti du café pour la commettre, y était rapidement rentré, avait gagné les étages supérieurs et les toitures et étaient parvenu à sortir par l'impasse qui s'ouvre sur la rue Bertin. L'instruction ne put aboutir ; M. Jacquier fut consigné dans sa maison, dont les soldats gardèrent les issues.

» Le 6 septembre, le commandant de place Bauer, signifia à la mairie que la maison Jacquier allait être démolie ; on voulait la brûler, mais on craignait de mettre le feu aux maisons voisines. Sur le conseil du commandant, le Maire vit M. de Bismarck, qui lui-même l'engagea à recourir au Roi. Celui-ci fit grâce, mais il fallait intimider la population. M. le Maire fut chargé de faire une proclamation dont les termes sans nul doute lui furent dictés.

« Aux Habitants,

» J'ai appris ce matin que le coup de feu tiré dimanche sur les premières troupes entrées dans cette ville, allait amener sur la maison d'où il est parti toutes les rigueurs de la loi militaire.

» Le café du sieur Jacquier et la maison tout entière allaient être rasés. Grâce à l'attitude calme de la population, j'ai pu obtenir de Sa Majesté le roi Guillaume l'oubli d'un fait qui, s'il se renouvelait, nous attirerait les plus grands malheurs.

» Je supplie mes concitoyens de continuer à donner des preuves de modération, et au besoin de réprimer eux-mêmes le désordre partout où il pourrait se produire. »

» Un officier, accompagné de soldats, porta la grâce à M. Jacquier, qui ne se doutait pas du malheur dont il avait été menacé.

» Le jour même où la grâce royale sauvait de la destruction la maison du *Café Louis-XV*, un de nos malheureux concitoyens payait de sa vie un geste imprudent.

» Les habitants de la rue du Barbâtre connaissaient un ouvrier d'une soixantaine d'années qui se nommait *François Augé*. C'était un teinturier, qui portait une barbiche d'ancien soldat, que, par fantaisie, il avait teinte en bleu. On l'appelait *Barbe-Bleue*. Il déjeunait chaque matin dans le voisinage de son atelier assis sur le trottoir, à l'angle des rues Gerbert et du Barbâtre. Le 6 septembre au matin, il était à sa place habituelle, tenant son pain d'une main, son couteau de l'autre. Passe un officier de cavalerie, suivi de son ordonnance. Les voyant caracoler devant lui, arrogants et vainqueurs, le vieux soldat se réveille; il bondit, et du haut du trottoir, de sa main armée de son pauvre et inoffensif couteau, il fait à l'ennemi qui passe un geste de colère et de menace.

» L'officier fait arrêter le vieux patriote; on le traîne à la caserne; on le jette au cachot. Le lendemain, il passe devant un conseil de guerre qui le condamne à mort, et qui, sans délai, sans sursis, sans recours, ordonne l'exécution immédiate. Une voiture le conduit aux environs d'Huon où on le fusille. Le cadavre abandonné sur place fut trouvé et reconnu par le garde-champêtre du troisième canton, qui vint à la mairie annoncer cette lugubre découverte.

» Par cette sentence impitoyable et cette exécution sommaire, les Allemands avaient voulu que la population pût se convaincre que ces menaces de mort qu'on lisait sur tous les murs de la ville, n'étaient pas une vaine formule, et qu'elles pouvaient à toute heure recevoir une sanglante sanction (1). »

Le 26 avril 1896, à Cormontreuil, le comité Rémois du *Souvenir français* fit ériger un monument à ce brave ouvrier, à l'endroit même où il fut fusillé. A cette occasion, il y eut une grande manifestation patriotique.

Vaux-Vilaine (Ardennes). ... Revenons un instant en arrière. Pendant que le curé d'Aubigny était si cruellement traité par les soldats prussiens, un autre de ses confrères, l'abbé Marteaux, curé de Vaux-Vilaine, était soumis à un autre genre de torture. Ecoutons-le parler lui-même :

« Le jeudi, 27 octobre 1870, à la chute du jour, les Prussiens occupèrent le village de Vaux-Vilaine. Tous ou presque tous les chefs avec leurs serviteurs s'étaient logés au presbytère.

» Le vendredi, 28, vers deux heures de l'après-midi, les francs-tireurs, venus par les bois, entre Rouvroy et Vaux, attaquèrent les Prussiens; de nombreux coups de feu furent échangés, mais la bataille ne dura pas longtemps, car les francs-tireurs n'eurent pas plus tôt déchargé leurs armes, qu'ils retournèrent précipitamment sur leurs pas, et les Prussiens les poursuivirent jusqu'à Rouvroy qu'ils incendièrent.

» Après cette alerte, à leur retour à Vaux, les Prussiens, chefs et soldats, se montrèrent très exaspérés et très menaçants, surtout à cause de la perte d'un officier inférieur, qui, pendant la bataille, fut tué dans un jardin de la localité. — *De la paille et du bois !* criait le capitaine, comme s'il voulait tout de suite mettre le feu aux maisons. Alors tous les hommes valides trouvés dans le village, furent entraînés et enfermés dans l'église ; les fusils de chasse, apportés et brisés sur la place

---

1. Ouvrage de M. Diancourt, p. 26.

publique ; des violences exercées sans raison sur plusieurs individus ; partout régnait une terreur inexprimable.

» Le samedi 29, vers neuf heures du matin, se tint chez moi un conseil de guerre, présidé par un colonel venu d'Aubigny. Je fus appelé et je comparus devant ce conseil, où, après diverses interrogations, le colonel me demanda si je répondais de mes paroissiens. Je fis réponse que j'en répondais sur ma tête, attendu que, depuis le commencement des hostilités, aucune arme de guerre n'avait jamais pénétré dans ma paroisse, qu'aucune garde nationale n'y avait été organisée ; que d'ailleurs les réquisitions avaient été fournies sans difficultés ; que, par conséquent, mes paroissiens ne devaient être aucunement responsables de l'attaque des francs-tireurs. Alors, le colonel m'ayant dit que je pouvais me retirer, je sortis avec l'espoir que tout malheur grave était conjuré.

» Dans ma tristesse profonde au sujet de mes paroissiens si étrangement emprisonnés, je demandais au capitaine de me permettre d'aller à l'église, comme déjà j'y étais allé la veille, afin de porter quelques consolations à ces pauvres désolés. Sur la permission du capitaine, je me rendis de nouveau à l'église, à travers les baïonnettes, et je trouvai des hommes déjà desséchés d'épouvante : *arescentibus hominibus præ timore*. Après leur avoir adressé quelques paroles de consolation et d'espérance, je revins de nouveau au presbytère.

» Ce même jour, samedi 29, vers trois heures de l'après-midi, lorsque les Prussiens, chefs et soldats, me paraissaient rentrés dans le calme, et que mon espérance croissait de plus en plus, un lieutenant-colonel, homme de distinction, appelé M. le Comte par les autres chefs, parlant correctement le français, vint me trouver dans un salon où j'étais seul, et s'étant assis près de moi, il me dit : « Monsieur le Curé, je viens vous apprendre une triste nouvelle ; trois de vos paroissiens doivent être fusillés aujourd'hui. » Frappé comme d'un coup de foudre, et saisi de la plus vive horreur, je protestai de toute ma force et avec tout le dévouement dont je fus capable ; en sorte que le lieutenant-colonel, fort impressionné à son tour, se leva avec vivacité et dit en pleurant : « Croyez-vous, Monsieur le Curé, que c'est avec plaisir ?... nous exécutons un ordre venu de haut. » En disant ces mots, il fuyait dans le grand salon de l'autre côté du couloir pour y rejoindre les autres chefs.

» Resté de nouveau seul, je nourrissais encore dans mon esprit une lueur d'espérance, lorsque le même lieutenant-colonel entra de nouveau, et s'étant assis, il me dit : « Monsieur le Curé, nous réclamons votre présence dans l'exécution que nous allons faire, afin que vous administriez les secours de la religion à ceux qui devront mourir ; si vous voulez nous désigner les trois plus mauvais que vous connaissez parmi vos paroissiens, nous nous en tiendrons à ceux-là. » Saisi de nouveau de la plus vive horreur en entendant une pareille proposition, je répondis : « Monsieur le Colonel, est-ce que dans tout pays il n'y a pas des hommes de toutes les catégories ? est-ce que, partout, il n'y a pas du bon, du mauvais et du médiocre ? Mais, pour l'affaire dont il s'agit, il n'y a pas un seul coupable ; comment donc pourrais-je vous désigner trois innocents pour subir une mort non méritée ? » — « Eh ! bien, répliqua le lieutenant-colonel, je les ferai tirer au sort ; » puis il me demanda une feuille de papier, qu'il découpa en petites bandes, et aussitôt il me fallut me rendre à l'église avec le chef et un peloton de soldats armés.

» Entré dans l'église avec ce formidable cortège et arrivé au pied du sanctuaire, sans oser regarder mes infortunés paroissiens assis sur les bancs de droite et de gauche, je franchis la grille de communion et j'allai me prosterner au pied de l'autel, le front sur le pavé. Pendant que je demeurais dans cette prostration, j'entendis marcher doucement le long des bancs et échanger des paroles presque à voix basse, quand bientôt partit cette exclamation : « C'est donc moi ! » Vivement impressionné de cette clameur, je me relevai comme par instinct, et, me tournant, je vis également s'approcher et s'agenouiller sur la marche du sanctuaire *Georges Renault*, actuellement berger dans cette commune ; aussitôt après, je vis également s'approcher et s'agenouiller *Dépreuve-Sales*, ancien berger du dit lieu, et *Charles Georges*, jeune homme d'environ vingt-trois ans, qui devait, quelques jours plus tard, se rendre à Givet en qualité de mobilisé.

» Alors, j'allai me revêtir d'un surplis, puis je revins au sanctuaire procurer aux trois victimes les secours spirituels et les paroles d'encouragement que réclamait ce moment suprême ; puis, ayant parlé de la guerre et de ses lamentables effets, il fallut sortir de l'église pour l'affreuse exécution.

» Je n'oublierai jamais ces accents de terreur, de tristesse qu'exhalait le pauvre Georges Renault : « Mon Dieu, quel malheur ! Encore si ma pauvre femme était ici, nous nous ferions nos adieux ; mais elle n'est pas là, elle est à Lépron ; encore si elle était ici ! » Quant à Charles Georges, il disait dans son étonnement mêlé d'une profonde tristesse : « Mais qu'est-ce que j'ai fait ? » Quant à Dépreuve-Sales, je ne lui entendis proférer aucune parole.

» Arrivés en dehors de l'église, et sur le cimetière qui y est adjacent, les Prussiens paraissant se disposer à y faire la terrible exécution, je leur dis : « Pas ici, terre sacrée, terre bénite ; ailleurs. » Après mon observation, on s'éloigna du cimetière, et l'on se rendit sur un terrain à une centaine de mètres de l'église. Là, sans avoir déposé mon surplis, j'embrassai tour à tour les trois victimes en leur adressant quelques mots de nature à diriger leurs âmes vers le Ciel ; puis je m'éloignai à une vingtaine de pas, au pied d'un arbre, où je me prosternai le front sur la terre, tournant le dos à ce spectable d'horreur. Un instant après, retentit l'explosion des armes : *c'était fini.*

» Comme je me relevais de ma prostration, je me sentis saisir par deux mains qui m'aidèrent à me relever : c'était le lieutenant-colonel qui s'était rapproché de moi, à mon insu, craignant sans doute que je ne tombasse par l'effet de ce hideux spectacle.

» Le lendemain, dimanche 30 octobre, les Prussiens quittèrent le village de Vaux-Vilaine, vers onze heures du matin ; et le lendemain, lundi 31, les cadavres des trois victimes furent inhumés à la chute du jour, au milieu des larmes, des cris de toute la population.

» Quant à la procédure qui eut lieu à la suite de cet affreux drame, procédure qui n'a pas encore atteint son dernier dénouement, comme c'est une affaire fort délicate eu égard à ma position, comme d'ailleurs je ne connais rien personnellement sur le fait de la désignation des victimes et que je n'étais alors, comme je ne suis encore aujourd'hui, abonné à aucun journal du département, permettez-moi de garder un silence absolu sur ce sujet (1). »

Nous avons tenu à donner tout entière la lettre de M. le Curé de Vaux-Vilaine. Pour ceux qui l'ont connu, elle est très précieuse. En même temps qu'elle est le témoignage d'un

---

1. Lettre que M. l'abbé Marteaux voulut bien nous adresser lui-même le 18 décembre 1873.

témoin oculaire, elle a encore l'avantage de peindre l'homme.

Toutefois, à l'aide d'un document officiel, complétons le récit de M. l'abbé Marteaux, dont le nom a été prononcé avec éloge par toute la France.

Le tirage au sort n'eut pas lieu : il y eut un vote en vertu duquel trois hommes furent sacrifiés. Le samedi 29 octobre, M. le Curé ayant refusé de désigner trois de ses paroissiens, ce qui ne se pouvait faire à aucun titre, la même demande fut adressée à M. le Maire de Vaux, pour deux personnes seulement. M. Jacquet (son nom mérite d'être buriné à côté de celui de M. Marteaux), qui avait été lui-même enfermé toute la nuit avec l'instituteur dans une autre section de la commune, et ensuite transféré au presbytère, protesta qu'aucun de ses administrés n'avait tiré sur la troupe allemande. Ce digne fonctionnaire demanda grâce pour eux et refusa de faire aucune désignation qui chargerait sa conscience.

Ce que ne voulurent pas, ce que ne pouvaient pas faire M. le Curé et M. le Maire de la commune, plusieurs le firent sans doute, car une demande en pension annuelle et viagère de 700 francs fut formée par Marie-Catherine Renault, veuve de Louis-Georges, en son vivant berger à Vaux, l'une des victimes, contre MM. Henri-Malherbe Génin, tisseur, — Célestin Lairet, propriétaire, — Olivier Morant, propriétaire, — Nicolas-Augustin Dogny-Dupeire, propriétaire, — Dougny-Tantou, aubergiste, — Eugène Petit, manœuvre, tous habitants de Vaux-Vilaine-Lépron. Cette demande était faite pour réparation du préjudice qui avait été causé à cette veuve par la mort de son mari. C'est donc que les habitants cités avaient été coupables. Le Tribunal devant lequel l'affaire fut portée, l'ayant examinée avec soin, prononça le jugement suivant :

Dans ces circonstances et par ces considérations, nous estimons qu'il y a lieu d'admettre, sans enquête préalable, l'action en responsabilité de la veuve Georges contre les six défendeurs, ordonner qu'à la diligence de ceux-ci, dans la quinzaine du jugement, seront mis en cause, non pas tous les otages enfermés dans l'église de Vaux, mais ceux seulement que les défendeurs justifieront avoir participé avec eux au vote qui a amené la livraison des victimes fusillées par l'ennemi.

Les condamner tous solidairement, vis-à-vis de la demanderesse et entre eux proportionnellement à leurs fautes respectives de ce vote, à servir à la veuve Georges la pension qu'elle réclame.

Les condamner solidairement aux dépens.

Le Tribunal a prononcé un jugement qui donne gain de cause à la malheureuse veuve et lui accorde la pension de 700 francs. Nous ne rapportons pas les paroles de l'organe du ministère public redisant en abrégé ce que nous avons vu dans la lettre de M. le Curé. Mais ce que M. le Procureur de la République a rappelé et que le vénérable prêtre avait caché dans sa lettre : « *c'est que, à l'exemple du Rédempteur des hommes, il avait offert sa vie pour ses ouailles......* » L'organe du ministère public termine son réquisitoire par ces mots : « Tels sont les faits qui portent déjà dans l'histoire le nom de *Drame sanglant de Vaux*, et qui ont pour premier auteur (car il faut rendre à chacun la justice qui lui est due), une colonne du 64e Landwehr prussienne, détachée du camp de Boulzicourt, commandée par le colonel de Krann. »

L'abbé Marteaux, dont la conduite est au-dessus de nos éloges, et dont la modestie ne cherchait pas les récompenses, fut nommé chanoine honoraire par Mgr Langénieux.

Cuchery (Châtillon-sur-Marne.) — *Mort de l'abbé Miroy.*

— Nous sommes au mois de février 1871 ; l'armistice et l'ouverture des négociations pour la conclusion de la paix semblaient devoir nous promettre que les Allemands allaient se départir de la rigueur qu'ils n'avaient cessé d'apporter dans l'exercice des droits que la guerre leur avait donnés sur nous.

M. L'ABBÉ MIROY
CURÉ DE CUCHERY.

Il n'en est rien, comme le prouve le récit d'un acte de vengeance ou d'intimidation aussi cruel qu'inattendu : nous voulons parler du *Drame de Cuchery*. Simple historien, nous dirons sans phrase ce que nous avons recueilli de la bouche même de ceux qui ont été forcés de figurer dans cette douloureuse affaire. Par prudence, nous tairons certaines circonstances, nous passerons même sous silence certains noms, quoiqu'ils soient imprimés dans la brochure de M. H. Vidal. Il y a dans ce triste épisode bien des mystères.

Le lundi, 6 février, les Prussiens lèvent des contributions à Cuchery. Le soir, ils se rendent à Belval et y passent la nuit. Vers onze heures du soir, des coups de feu partent des hameaux du Paradis, tirés, dit-on, par N.... De nouvelles détonations se font entendre, jusqu'à minuit, du côté de la Sabotterie, ainsi que les cris de : *Aux armes ! — En joue... feu ! — Attaquez le carré !* Ces cris, espéra-t-on, devaient éloigner l'ennemi. Les Prussiens s'éveillent, prennent leurs armes et reçoivent du commandant l'ordre de mettre le village à feu et à sang, si les coupables ne sont pas livrés immédiatement.

Les habitants de Belval protestent ; ils affirment qu'ils n'ont pas tiré, par la raison bien simple qu'ils n'ont aucune arme. Ils accusent les habitants de Cuchery. Aussitôt douze individus de Belval, dont nous tairons les noms, partent pour Cuchery, escortés de soldats. Ils arrivent chez le Maire, M. Sibeaux, qui avoue qu'il y a des armes dans le pays, mais qu'elles ont été distribuées par le curé, organisateur et chef de francs-tireurs. L'accusation est grave ; il n'en faut pas davantage pour faire fusiller le curé de Cuchery.

Pendant ces explications, plusieurs habitants de Belval se rendent au presbytère : il était trois heures du matin. Ils réveillent M. l'abbé Miroy, qui était rentré à onze heures, de chez M. Chatelain. Ils le supplient de venir avec eux pour défendre leur cause auprès du chef prussien. Sûr de son innocence, n'écoutant que son cœur, le curé se lève et les suit à Belval. Arrivé chez M. Vily, adjoint, le curé, qui croyait devoir demander grâce pour ses paroissiens, s'entend dénoncer par plusieurs des personnes présentes comme chef de francs-tireurs. Sur l'ordre du commandant, M. l'abbé Miroy est arrêté.

Dans le même moment arrivent des soldats qui amenaient le maire de Cuchery. De nouvelles accusations avaient été formulées dans le trajet contre M. le Curé. Le lendemain, 7 février, vers dix heures du matin, au milieu de l'agitation la plus fiévreuse, les soldats prussiens ramènent M. l'abbé Miroy à Cuchery, ainsi que M. le Maire, et les forcent de diriger eux-mêmes les perquisitions chez les détenteurs d'armes. Ces derniers, effrayés, rapportent leurs fusils, les uns à la mairie, les autres au presbytère ; quelques-uns même les jettent dans le jardin du presbytère, où les soldats irrités les retrouvent.

Le maire est mis en liberté. Dans le même moment, certaines personnes nobles et généreuses préviennent le commandant que M. le Curé détient chez lui des armes. On fait perquisition et en effet on trouve un vieux pistolet démonté. M. l'abbé Miroy est emmené de sa paroisse, le mardi 8 février, à midi. Il passe par La Neuville, Chaumuzy, tombe sur la route épuisé de fatigue. Les soldats le forcent à se relever en lui donnant des coup de pieds. Il se traîne avec effort jusqu'à Marfaux, mais là il n'en peut plus ; on le jette sur un tas de paille.

Le lendemain, n'ayant pas pris de nourriture depuis plus de vingt-quatre heures, M. l'abbé Miroy arrive sur le soir à Reims ; il est enfermé dans une salle de l'hôtel de ville, gardé au secret le plus absolu jusqu'au moment d'être cité devant ses accusateurs. Le samedi 11 février, à une heure, il comparaît devant ses juges : le capitaine Sohms, juge d'instruction, quatre sous-officiers, un greffier et un interprète, M. Koch, professeur de langue allemande à Reims. Le juge Zimmermann fait son rapport ou plutôt lit en allemand les accusations portées par les gens du pays. Aucun témoin à décharge n'est cité.

M. l'abbé Miroy, interrogé sur la soustraction et sur la distribution d'armes, avoue en avoir donné, mais sans capsules ni cartouches.

M. Sibeaux, maire, dépose à son tour : « Il a reçu des armes du gouvernement pour la Commune, mais il a cru plus prudent de cacher les cent fusils au moment de l'arrivée des Prussiens. Quand il voulut les livrer, il ne put les retrouver, M. le Curé, dit-il, les avait enlevés et donnés aux habitants. »

Après cette accusation, paraît le sieur Planson, qui termine sa déposition en affirmant que M. l'abbé Miroy avait dit publiquement : « *Si les Prussiens savaient tout ce que je fais, ils me feraient fusiller.* » M. le Curé nie avoir tenu ce propos : « Curé, s'écrie Planson, vous mentez, et ce n'est pas la première fois. »

M. l'abbé Miroy comprend qu'il ne peut rien contre de pareilles accusations, aussi il dit à haute voix : « *Articulez contre moi tout ce que vous voudrez, je ne répondrai plus.* » Quelques instants après, il est reconduit dans la prison. Vers cinq heures, il comparaît de nouveau devant le conseil ; vers six heures, on lui lit en allemand sa condamnation à mort. Il ne connaissait pas un mot de cette langue ; aussi jusqu'au lendemain il ignora le malheur qui l'attendait. Il rentra à huit heures dans la salle qui lui servait de prison.

Vers dix heures du soir, deux sergents de ville et le secrétaire allemand se rendent chez M. Koch, porteurs de l'ordre d'exécution de M. l'abbé Miroy, signé par le commandant de la place de Reims. Le secrétaire prend quelques adresses et se rend de suite : 1° chez le maître fossoyeur du cimetière Nord ; 2° chez M. Jacquart, menuisier, obligé de fournir la tombe et un bandeau pour la victime ; 3º chez M. l'abbé Sacré, aumônier de la prison, qui, sans savoir pourquoi, devait être prévenu le dernier de se trouver le lendemain à quatre heures du matin à l'hôtel de ville ; 4º chez le conducteur de l'omnibus du *Lion d'Or*. Le secret le plus absolu fut exigé de toutes les personnes qui venaient d'être requises. Le secrétaire allemand lui-même dut revenir à l'hôtel de ville pour y passer la nuit ; il était minuit.

L'OFFICIER ALLEMAND DEMANDANT PARDON DU CRIME.

Le lendemain, dimanche 12 février, à quatre heures du matin, M. le chanoine Sacré se rend à l'hôtel de ville. Il attend quelques instants et enfin il apprend la triste mission qu'il est chargé de remplir. En sortant de chez lui, M. l'Aumônier constata que sa demeure avait été gardée pendant la nuit par un soldat sans armes... Au moment où M. Sacré recevait des ordres, l'abbé Miroy apprenait qu'il allait mourir. Il pâlit un instant, revint aussitôt à lui, reçut M. l'Aumônier avec courage et, aidé par lui, il se disposa généreusement à paraître devant Dieu.

A cinq heures, le conducteur de l'omnibus apparaît sur la place de l'hôtel de ville. Vers six heures et demie, M. le Curé de Cuchery, le chapeau à la main, descend d'un pas ferme les marches de la Maison de Ville, et, par obéissance, monte dans la voiture qui l'attend, avec M. l'abbé Sacré. Un peloton de soldats de landwehr attend derrière le mur du cimetière à l'endroit où doit avoir lieu l'exécution. La voiture arrive ; l'abbé Miroy, toujours calme, descend avec son aumônier. Tous deux, auprès de la tombe entr'ouverte, échangent quelques mots, s'embrassent : la victime s'offre d'elle-même aux soldats étonnés. L'officier chargé de commander le feu s'approche à son tour, demande pardon à M. l'abbé Miroy d'être obligé d'exécuter les ordres qu'il a reçus. Celui-ci lui tend la main, disant : « *Je n'ai pas une gouttelette de fiel au cœur.* »

On apporte un bandeau pour bander les yeux de la victime. M. l'abbé Miroy refuse un instant de se le laisser mettre, puis il se ravise : « *Pas de fanfaronnade,* » dit-il ; il se met à genoux. Au bruit des armes, il soulève son bandeau d'une main ; de l'autre, il entr'ouvre sa soutane et tombe... Douze balles l'ont frappé en pleine poitrine et quatre à la tête. Au moment de commander le feu, le capitaine se trouve mal ; le sergent-major le remplace ; à son tour, il rentre malade chez lui.

Des soldats de corvée enlèvent le corps, le déposent dans le cercueil et, à l'aide de l'omnibus, le conduisent au cimetière Nord, où eut lieu l'inhumation. La nouvelle de cette mort se répand aussitôt dans la ville. Les soldats sortaient à peine du cimetière, qu'un généreux employé de la Mairie y entre à son tour. Il tient à la main une grande croix de bois ; il la plante sur la fosse avec ces mots : *M. l'abbé Miroy, curé de Cuchery, décédé à Reims, le dimanche 12 février, jour de la Sexagésime, victime de son dévouement pour la patrie.*

Dans un instant nous donnerons la remarquable narration des derniers moments de M. l'abbé Miroy, écrite par M. le chanoine Sacré. Continuons notre récit.

Vers huit heures du matin, M. l'abbé Sacré se rend chez Mgr l'Archevêque pour l'informer de ce qui vient de se passer sous ses yeux. Son Excellence voulait protester de suite auprès de l'autorité allemande, mais, après y avoir bien réfléchi, Monseigneur crut plus sage de s'entourer auparavant de renseignements certains. M. l'abbé Tourneur part pour Cuchery, accompagné de trois autres prêtres. Tous reviennent à Reims avec la certitude que l'abbé Miroy n'avait pas tiré un seul coup de fusil, qu'il n'avait pas donné d'ordre pour le faire. Dans tous les cas, si l'on a tiré des coups de fusil, ils n'ont produit aucun effet, parce qu'ils ont été tirés en l'air pour faire peur, et surtout parce qu'ils ne pouvaient atteindre les Prussiens couchés tranquillement dans leurs lits.

Quand Monseigneur eut l'assurance que M. l'abbé Miroy était innocent, il envoya une protestation très énergique au Commandant de Place, affirmant que le curé de Cuchery n'avait pas tiré de coups de fusil, puisqu'il était reconnu qu'il était couché et que, dans tous les cas, c'était le moins qu'il fût prévenu qu'un de ses prêtres devait être mis à mort. Le commandant Rosenberg répondit quelques mots, ajoutant qu'il serait trop long de donner les preuves du procès. C'eût été cependant logique de se laver d'une pareille tache.

La tombe de l'abbé Miroy, à partir du dimanche 12 février, fut visitée pendant plusieurs jours par une foule profondément attendrie. De nombreuses couronnes couvrirent la terre. Le mercredi 15, M. le Curé, avec le clergé de la paroisse de Notre-Dame, vint publiquement prier sur la fosse. Le lendemain, un service solennel fut chanté à la Cathédrale en présence de Monseigneur, du Chapitre métropolitain, du clergé de la ville, d'une nombreuse assistance. Le Commandant de Place, l'officier qui présidait l'exécution, et auquel M. l'abbé Miroy avait présenté la main, étaient cachés au milieu de l'assistance. Aussitôt après le service, la foule tout entière se rendit au cimetière où de nouvelles couronnes furent déposées sur la fosse.

Dans la troisième partie de l'ouvrage, nous raconterons tout ce qui a été entrepris à Reims pour protester contre la mort de M. Miroy. Mais comme tout l'intérêt qui se rattache à la mémoire de ce prêtre se concentre maintenant dans les dernières heures de sa vie, laissons à M. le chanoine Sacré le soin de nous donner le récit complet des derniers instants de l'infortuné curé. Nous allons voir briller dans un vif éclat l'énergie, le courage chrétien, l'héroïque sang-froid que renfermait cette âme de prêtre, que la mort n'a pu faire trembler et qu'elle a certainement grandie.

« Vous m'avez demandé, M. le Rédacteur du *Bulletin*, le récit des derniers moments de M. l'abbé Miroy, curé de Cuchery, fusillé par ordre de l'autorité prussienne. Si douloureuse que soit cette tâche, je ne puis refuser ce tribut à une mémoire qui m'est chère pour toujours ; car le nom de ce confrère est inséparablement lié dans ma pensée à l'idée de l'héroïsme, et surtout de l'héroïsme chrétien. Probablement il ne sera jamais donné de voir le spectacle d'une plus grande force d'âme et d'une plus sublime résignation, en présence de la mort la plus terrible qui fût jamais.

» Le 12 février, dimanche de la Sexagésime, est la date à la fois funeste et glorieuse de cette fin tragique. A minuit, je recevais du Commandant de Place prussien une lettre qui m'ordonnait de me rendre à quatre heures et demie du matin à l'hôtel-de-ville, où était détenu M. l'abbé Miroy. La lettre n'indiquait pas ce que l'on voulait de moi, mais je compris aussitôt qu'il s'agissait d'une exécution capitale ; et, comme je connaissais l'arrestation de M. l'abbé Miroy, un pressentiment me dit qu'il s'agissait de lui. Je n'avais que trop bien deviné. (Je fus assez heureux pour pouvoir demander à deux communautés des prières en faveur de la victime, quelle qu'elle fût, et je me rendis à l'hôtel-de-ville à l'heure indiquée.)

» A cinq heures et demie environ, un piquet de soldats introduisit mon infortuné confrère dans la salle où j'étais, et où l'attendait également le juge qui devait lire sa sentence. Elle était rédigée brièvement et je ne pus en saisir les paroles, à cause de l'éloignement où j'étais. M. Miroy écouta en silence et sans faire aucune observation la lecture du jugement qui le condamnait à être fusillé. Il se contenta de demander au juge quand aurait lieu l'exécution. Il lui fut répondu : « Aujourd'hui, tout à l'heure. » Il s'inclina alors avec une noble dignité et se retourna aussitôt vers moi. Je l'entraînai dans une autre salle qui nous fut désignée : on nous laissa seuls ; mais des sentinelles placées en dehors gardaient soigneusement toutes les issues.

» Il n'y eut chez M. Miroy rien de ce que l'on remarque dans ces affreuses situations : ni défaillance, ni larmes, ni plaintes, ni récriminations. Pas un mot contre ses juges ; pas un mot contre ses dénonciateurs, si coupables pourtant. La pensée de se préparer chrétiennement à la mort le domina exclusivement dès le premier instant. Il vit dans la sentence qui le frappait une disposition de la Providence lui offrant le moyen d'assurer le salut de son âme. « *J'aime bien mieux mourir ainsi*, disait-il, *que de mourir subitement.* » Son acceptation fut instantanée, complète et sans retour. Tout ce que j'avais préparé pour l'établir dans cette disposition d'esprit devenait donc heureusement inutile. C'est le plus grand spectacle que j'aie vu de ma vie. Une telle acceptation en face d'une telle mort me paraît en effet tout ce qu'il y a de plus magnanime et de plus héroïque.

» Une seule chose le préoccupait et l'inquiétait vivement, c'était la crainte de n'avoir pas assez de temps pour se disposer comme il le voulait : « *Que ne m'ont-ils du moins accordé un jour !* disait-il, *voilà déjà six heures.* » D'ailleurs tout ce qu'il me dit annonçait un homme en pleine possession de lui-même. Je ne pus jamais saisir chez lui le plus léger indice d'une angoisse quelconque, d'un trouble, si naturel dans ce moment terrible.

» Après qu'il eut terminé sa confession, nous récitâmes différentes prières adaptées à la circonstance. Une de ces prières était le *Salve Regina*, ce cri d'espérance adressé à Marie, la Mère de miséricorde, par l'âme affligée. Je savais qu'il aimait la Mère de Dieu, et qu'il avait dans son intercession une grande confiance. Après quelques mots il m'interrompit : « *Oh ! recommencez donc*, me dit-il, *c'est si beau !* » Je m'apprêtais à lui lire le récit de la Passion du Sauveur, mais il me dit : « *Parlez-moi plutôt ; j'aime mieux cela.* » Il m'écoutait comme le plus humble des fidèles ; il entrait dans tous les sentiments que je lui suggérais ; il avait absolument abandonné son âme.

» O mon Dieu, recevez-la, cette âme, dans votre miséricorde, et donnez-lui une place parmi vos martyrs : car c'était un martyr.

» Le temps fuyait rapidement, dirais-je, s'il s'agissait d'une autre circonstance, mais j'irais contre mes impressions vraies, si j'employais ici ce langage. Car les moments que j'ai passés avec ces infortunés que la justice humaine frappe ainsi, ont toujours passé sur moi comme une éternité. Et cependant j'avais ici des consolations qu'on éprouve rarement. Mais qu'on se rappelle ce qu'est une agonie et l'on me comprendra.

» L'heure du départ approchait. On vint nous avertir qu'il ne nous restait plus qu'un quart d'heure. Tout était fini pour les choses de la conscience ! mais il restait encore à ce malheureux confrère à exprimer ses dernières volontés. C'est ce qu'il fit avec une lucidité d'esprit et une fermeté dans l'écriture qui doivent être bien rares. Quiconque aura sous les yeux ce testament, ne soupçonnera pas qu'il a été écrit dans un pareil moment. Il me confia ensuite quelques objets, en m'indiquant l'usage précis qu'il fallait en faire.

» On vint alors nous prendre pour nous faire monter dans la voiture qui devait nous conduire au champ de la mort. Je voulais offrir mon bras à mon confrère, mais il n'accepta pas ce service, disant que cela n'était pas nécessaire. Je lui rappelai en ce moment les belles paroles de saint Augustin : « *Vita mutatur, non tollitur (pour le juste)*; la vie ne lui est point enlevée, elle n'est que changée. » Son intelligence si vive en saisit bien vite la beauté et l'espérance. *Vita mutatur, non tollitur*, répéta-t-il. La voiture se mit alors en marche au milieu d'un cortège de soldats vraiment imposant. Comme le bruit de la voiture sur le pavé nous empêchait de nous entendre facilement : « *J'aurais bien mieux aimé marcher à pied,* » dit-il. Je lui fis observer qu'il valait peut-être mieux qu'il en fût ainsi à cause de l'habit ecclésiastique qu'il portait. « *Mais il n'y a pas de honte,* » reprit-il avec une certaine vivacité. Certes, ce n'était pas là ma pensée.

» Nous arrivons enfin, après un trajet qui dura un siècle, au lieu de l'exécution. L'officier chargé du commandement demanda alors à M. Miroy son nom, et lui dit avec une émotion visible et comme un homme qui demande pardon de l'action qu'il va faire, qu'il était obligé d'accomplir son devoir : « *Faites,* » répondit M. Miroy avec une certaine fierté. Aussitôt après, nous nous dirigeâmes vers le lieu marqué pour l'exécution. Pendant que nous marchions, l'officier dont j'ai déjà parlé lui tendit la main en signe de sympathie et en prononçant certaines paroles que je n'ai pas entendues. M. Miroy saisit avec émotion la main de cet homme qui semblait bon et affligé du rôle qu'il allait remplir. Arrivé à l'endroit où il devait mourir, M. Miroy demanda selon l'usage une dernière absolution, me remit un crucifix qu'il n'avait pas cessé de tenir dans ses mains pendant le trajet, m'embrassa d'une manière qui disait mille choses au cœur. Je compris mieux que jamais en ce moment ce que c'est de s'aimer en DIEU. Un soldat qui tenait à la main un mouchoir blanc lui demanda alors s'il voulait qu'on lui bandât les yeux. Après un moment d'hésitation, il répondit : « *Oui, il ne faut pas d'ostentation.* » Une minute plus tard, il tombait foudroyé par les balles prussiennes. Ainsi mourut cet infortuné confrère, victime de son patriotisme, comme une main inconnue l'écrivait le jour même sur sa tombe. Je m'arrête ici, car le reste de ce drame ne m'appartient plus. Il ne me reste maintenant qu'à demander à ceux qui liront ces lignes une prière pour l'âme de notre confrère : car ce fut l'un des vœux qu'il exprima avant de mourir. »

« On se ferait difficilement une idée des sentiments de stupeur et d'indignation que souleva dans la population cette sentence impitoyable, ce meurtre inutile, commis au moment où la guerre était finie. Le souvenir de cette exécution hâtive et clandestine, de ce lugubre épisode, de la lamentable tragédie dont Reims fut le théâtre pendant l'hiver de 1870, ne s'éteindra pas. Les générations se succéderont devant cette tombe élevée à la mémoire d'un patriote « *fusillé pendant l'armistice* », comme le dit l'épitaphe inscrite sur le socle de cette belle et tragique statue qui semble être le moulage du cadavre tel qu'il tomba sous le feu de l'ennemi (1). »

Tout ému du lamentable drame auquel il venait d'assister, M. l'abbé Sacré se rendit chez Mgr l'Archevêque, qui vivait rassuré sur la foi des promesses que lui avait apportées M. Dauphinot.

Quand il apprit la fatale nouvelle, sa tristesse fut navrante et son indignation éclata, disent les témoins de la scène, avec une énergie indescriptible.

Immédiatement, et comme si nous n'étions pas alors des vaincus, il fit prier le gouverneur de Reims de se rendre à l'Archevêché, et envoya M. l'abbé Decheverry le chercher dans sa voiture. Le gouverneur était absent; ce fut un des officiers supérieurs de son état-major qui se présenta devant Mgr Landriot.

Celui-ci, au risque de se faire arrêter, reprocha aux Allemands leur cruauté inutile, en plein armistice; il leur reprocha la duplicité dont on avait usé envers lui : père de tous ses prêtres, il aurait pu sauver celui-ci en faisant connaître la vérité, il eût ainsi épargné aux Allemands la honte d'une condamnation prononcée sur de lâches et mensongères dénonciations. Monseigneur alla jusqu'à dire que l'acte commis était indigne non seulement de chrétiens, mais encore d'hommes civilisés. Atterré, l'officier prussien subit ces reproches presque sans mot dire.

---

1. Ouvrage de M. Diancourt. — M. Miroy était artiste ; on lui doit le portrait de M. l'abbé Aubry, ancien supérieur du Grand Séminaire de Reims, qui se trouve dans tous les presbytères du diocèse. Il avait saisi en cachette le portrait de ce saint prêtre qui ne voulut jamais poser..... Il fit d'autres dessins. Il réussissait très bien les charges et la caricature.

Après son départ, Monseigneur écrivit à l'Empereur d'Allemagne une lettre conçue en termes tels que ses amis, et le Maire de Reims lui-même, craignant qu'elle n'amenât son arrestation, le supplièrent de ne pas l'envoyer à son adresse. La lettre partit néanmoins et reçut une réponse très sèche, dans laquelle l'Empereur se bornait à faire dire à l'Archevêque qu'on avait obéi aux nécessités de la guerre.

Nous aurions voulu publier le texte de cette lettre, mais nous avons appris que les exécuteurs testamentaires de Mgr Landriot l'avaient brûlée en même temps que d'autres papiers.

M. l'abbé Decheverry, chanoine de la Cathédrale de Reims, a complété ces renseignements par la lettre suivante du 15 février 1896.

« Voulez-vous me permettre d'ajouter quelques souvenirs à ceux que vous avez rappelés dans le dernier numéro du *Bulletin*, au sujet de M. l'abbé Miroy, et qui nous ont si vivement émus ? Peut-être offriront-ils quelque intérêt, eux aussi.

» Et d'abord, laissez-moi compléter ce que vous avez dit des démarches tentées par Mgr Landriot pour faire porter des paroles de consolation à M. l'abbé Miroy. La dernière eut lieu le samedi 11. « Ah ! ils ne veulent pas laisser entrer mon
» Secrétaire ! s'écria Monseigneur, eh bien ! j'irai moi-même
» demain, et nous verrons s'ils oseront me refuser la porte de
» la prison. Ils n'ont donc pas de cœur, ces gens-là ! » Les Prussiens durent savoir cette résolution de l'Archevêque, qu'il ne cacha point, comme ils connaissaient l'entente qui existait entre lui et M. Dauphinot, pour sauver la vie du détenu. Aussi, se hâtèrent-ils de l'exécuter traîtreusement, le lendemain matin.

» Monseigneur resta tout le jour sous le poids d'une véhémente indignation et d'une profonde douleur, que la mort

héroïque de l'abbé Miroy pouvait seule détendre, et qui s'exhalaient par ces mots entrecoupés : « Ils l'ont fusillé !...
» sans que j'aie pu le défendre ni le voir ?... mais c'est un
» assassinat !... Pendant l'armistice !... Ça n'a pas de nom !... Je
» crois rêver !... Comment ? fusillé et je n'ai pu le bénir !... Et
» c'est un de mes fils !... Mais je l'aurais accompagné à son
» martyre !... O mon Dieu !... mon Dieu !... »

» C'est M. Dauphinot qui vint annoncer à Mgr Landriot, le 4 septembre, à six heures du matin, les désastres de Sedan, et l'arrivée de l'ennemi à Reims dans la soirée de ce même jour.

« — Monseigneur, il n'y a plus que vous et moi à Reims,
» toutes les autorités sont parties, qu'allez-vous faire ? » — « Je
» ferai ce que les événements me traceront pour le bien de
» mes concitoyens, répondit l'Archevêque d'un ton ferme. Je
» commence par rester à mon poste pour défendre mes prêtres,
» mes religieuses et mon peuple autant que Dieu m'en donnera
» la grâce. » — « Ah ! Monseigneur, s'écria M. le Maire, en
» prenant à deux mains celles du Prélat, que vous me rendez
» heureux ! A nous deux nous pourrons arranger bien des
» choses. Je me suis fait donner cent mille francs par la Banque
» de France, qui a emporté tout le reste. Je ne les crois pas
» en sûreté à l'hôtel de ville. Voulez-vous les cacher ici ? » —
« Volontiers. Tenez, nous les placerons là, derrière les volumes
» de cette bibliothèque. » — Et cent sacs de mille francs, en pièces de cinq francs, furent apportés par M. Dauphinot et son secrétaire, M. Daniel, qui venait les chercher, suivant les circonstances, aux premières heures de la nuit, au fur et à mesure des besoins de la ville.

» Mgr Landriot eut le bonheur de sauver la vie à M. Ferrand, préfet de Laon, condamné à mort pendant le séjour du roi Guillaume à l'Archevêché. L'Archevêque lui fit demander

une audience, qui fut accordée sur l'heure. Avec quelle éloquence il plaida la cause du condamné! Le Roi ne se rendait pas. « Mais enfin, lui dit Monseigneur d'un accent vibrant, ce
» Préfet a fait son devoir, et vous le fusilleriez? Ce n'est pas
» possible. Supposez que les faits se soient passés en Prusse.
» Eh bien, vous auriez récompensé votre Préfet qui eût fait
» pour la défense de votre pays ce que le Préfet de Laon a
» fait pour le sien. Or, ce qui est digne de récompense en
» Prusse ne peut pas être puni en France. Sire, le sentiment
» de la justice et du patriotisme vous impose la grâce du Préfet
» de Laon. » — « Vous avez raison, Monseigneur, il sera
» gracié. » — Et il l'a été.

» Mais tant d'émotions et de souffrances morales minèrent cette nature délicate et sensible : la maladie de cœur dont Mgr Landriot mourut prématurément, commença... »

Après le récit de tout ce qui précède, que pouvons-nous ajouter? Pour être complet, signalons encore uelques faits tout à l'honneur du clergé du Diocèse.

La Neuville-les-This (Mézières). — M. l'abbé Corps, vénérable vieillard de soixante-dix ans, sonnait la messe comme à l'ordinaire. Il est accusé d'avoir donné l'alarme : on le traîne à la mairie, lié à une voiture ; on le couvre de coups. Il n'est relâché que lorsque son innocence est parfaitement démontrée.

Le maire est fait prisonnier; l'adjoint est gravement blessé (1).

M. l'abbé *Legros*, alors curé de **Sévigny-la-Forêt**, qui donna des soins si assidus et si intelligents à son malheureux confrère, l'abbé Délétang, curé d'Aubigny, passait par Rouvroy ; les Prussiens, sans alléguer aucune raison, aucun motif

---

1. Lettre de M. l'abbé Loupot, qui voulut bien nous donner des renseignements concernant MM. les Curés des neuf paroisses suivantes.

connu, le jettent dans une maison du pays livrée aux flammes. Grâce à une fumée très intense, le curé put s'échapper sans être vu, par une porte de derrière, et gagna la campagne.

Clavy (Signy-l'Abbaye). — M. l'abbé Lange, qui avait

MGR LANDRIOT
ARCHEVÊQUE DE REIMS EN 1870.

gagné la variole noire en soignant des malades, revenant de sa seconde paroisse, où il avait été remplir les fonctions de son saint ministère, trouve son presbytère complètement dévalisé.

Jandun. (Signy-l'Abbaye). — L'abbé Bourguignon, fait prisonnier par les Prussiens, est amené à Launoy pour donner le nom des francs-tireurs qu'il doit connaître. Il s'échappe des mains des soldats ; mais au moment où il franchit un fossé, il tombe, reçoit quatre balles et des coups de baïonnette. Il est estropié pour la vie.

À **Mézières**, par suite du bombardement, la maison de l'archiprêtre est incendiée : les soldats enlèvent pour plus de 2.000 francs de mobilier caché dans la cave.

Rouvroy (Rumigny). — Un cantonnier est massacré, le 28 septembre 1870, sans aucune forme de procès... Onze maisons deviennent la proie des flammes... Six ou sept habitants sont blessés ou tués dans un combat des francs-tireurs contre soixante-dix à quatre-vingts soldats prussiens.

Saint-Marcel (Renwez). — Les francs-tireurs du pays tuent un Prussien. De là, représailles... Le curé est accusé d'avoir encouragé les francs-tireurs, de leur avoir souhaité bonne chance et de les avoir félicités de leur bonne chasse. Il est menacé et parvient à se sauver à Rocroi, pour éviter d'être fustigé comme le curé d'Aubigny. Il rentre au pays le 5 novembre.

Le curé de **Flaignes-les-Oliviers** (Rumigny) est retenu prisonnier pendant quelques heures.

Le curé de l'**Échelle** (Rumigny) reçoit défense de célébrer la sainte messe, le dimanche où les Prussiens entraient dans le pays dont ils dispersaient les habitants.

Librecy (Signy-l'Abbaye). — Sans parler des réquisitions pour plus de 20.000 francs, le 13 octobre, M. le Maire est fait prisonnier, conduit immédiatement au camp de Boulzicourt, et n'est rendu à la liberté, le lendemain, que moyennant une rançon de 4.000 francs [1].

---

1. Lettre de M. l'abbé Minet, curé de Librecy.

Dans les pages qui précèdent, ce qui a dû étonner le lecteur, c'est de voir que les actes de vengeance, les mauvais traitements, les condamnations à mort, exécutés par les ordres des autorités allemandes, n'avaient jamais été motivés, légitimés par une action répréhensible. Une accusation fausse, un refus de se prêter bassement à une exigence, une parole vive arrachée au cœur par le patriotisme, c'était assez pour déterminer nos ennemis à sévir sans pitié. Ils voulaient nous terrifier, nous croyant plus redoutables et mieux préparés à la lutte. Ils voulaient surtout inspirer de la terreur au clergé qu'ils considéraient, avec raison, et selon leur propre dire, comme leur ennemi le plus irréconciliable.

Qu'avaient commis les deux prêtres alsaciens, un vieillard et un jeune homme fusillés par les Prussiens ? Ils avaient courageusement refusé de conduire et de diriger des soldats ennemis qui désiraient surprendre les Français, et tomber à l'improviste sur les troupes campées à Belfort.

N'a-t-on pas vu, dans les prisons de Reims, le curé de Tréloup (Soissons), l'abbé *Lecaux*, âgé de vingt-sept ans, qui avait eu l'audace, en voyant la rigueur des réquisitions allemandes, de s'écrier : « *C'est une infamie !* » Après huit jours de prévention, il fut condamné à trois jours au pain et à l'eau. Ce prêtre fut plus heureux que l'abbé Miroy ; il reçut, dans sa prison la visite de Mgr Landriot.

Mgr l'Archevêque lui-même a été sur le point de payer une amende. On dit qu'il avait été condamné à plusieurs jours de forteresse. La sentence n'a pas été mise à exécution ; elle avait cependant été signée. Le prélat, il faut l'avouer, était dans ses torts. Absent de Reims, n'ayant reçu aucun avis, il avait commis la faute impardonnable de ne pas faire allumer du feu, à l'Archevêché, dans les grands appartements du roi, pour recevoir le général Manteufell. Le jugement a été rendu et notifié à la mairie. La copie en est conservée dans les archives... Le général fut très mécontent de ce procédé prussien : il en fit de vifs reproches au commandant Bredoff, et au retour de Monseigneur, il vint aussitôt de l'hôtel du *Lion d'Or*, rendre visite au Prélat et lui offrir ses excuses.

Nous avons donné, aussi exactement que possible, le nom des personnes qui, dans le Diocèse, eurent à subir les mauvais traitements des soldats prussiens ; pouvons-nous taire ceux des personnes qui ont été *Victimes* de leur dévouement et qui, volontairement, ont trouvé la mort en soignant les malades ou les blessés durant la guerre de 1870 ?

Dans les pages que nous avons consacrées à la généreuse ville de Sedan, nous avons mentionné déjà plusieurs victimes : La Sœur Sainte-Hippolyte, de l'Espérance, qui devait mourir dans les ambulances, et qui fut honorée, à Blois, *d'un titre d'honneur* envoyé par la Présidence ; la Sœur de Saint-Vincent de Paul, Sœur Louise, qui mourut le 11 octobre ; la Supérieure, qui contracta, auprès des malades, le germe de fièvres intermittentes qui mirent souvent sa vie en péril ; la jeune religieuse belge de la Doctrine Chrétienne de Nancy, qui, avec deux de ses compagnes, vint tous les jours à Sedan, du 4 au 20 septembre. Il y en eut d'autres encore, toujours dans la ville de Sedan. Il semblerait que Dieu, qui avait permis qu'elle fût le théâtre d'une de nos plus grandes hontes, permit qu'elle fût également le théâtre de bien des dévouements qui prouvent, qu'après tout, ce n'est pas le courage qui nous fit défaut.

Le 14 octobre toute la population de Sedan suivait un convoi funèbre qui emportait « *des espérances trop promptement déçues.* » C'était celui d'un jeune prêtre, M. l'abbé Buiron, dont « *la parole harmonieuse et élégante abordait déjà avec aisance les sujets les plus ardus, et les faisait aimer de ses auditeurs à force de clarté et de poésie.* » Nous l'avions connu et aimé (c'est M. Rouy qui parle) nous avions admiré « *avec quelle abnégation, avec quel courage, tour à tour infirmier et aumônier, il s'était consacré au service de ses chers blessés, dans cette importante ambulance du Collège qu'il avait acceptée comme l'arène d'un martyre désiré.* » A la fin de la messe, M. l'Archiprêtre de Sedan se fit l'interprète du sentiment général.

Dans le milieu de novembre, la mort fit une nouvelle victime. M. le docteur Thomas succombait, en quelques jours, à la maladie dont il avait contracté le germe pernicieux au chevet de ses malades. Jusqu'au dernier instant, il conserva toute la lucidité de son esprit... Au milieu de ses poignantes préoccupations, il n'oublia pas les malheureux... Au cimetière, le docteur Duplessis adressa quelques mots d'adieu, le cœur ému, les yeux pleins de larmes.

« *..... A côté du champ de bataille où l'on se tue, où l'on accumule les deuils et les désespoirs pour aboutir au désastre de Bazeilles, il est un autre champ de bataille, plus calme, plus obscur, plus ignoré, mais non moins glorieux, qui s'étend du rez-de-chaussée humide à la mansarde mal close.*

..... » *C'est là que le docteur Thomas, dans un labeur au-dessus de ses forces, dans l'air empoisonné que nous devons à la guerre, a contracté la cruelle, l'impitoyable affection qui nous le ravit avant l'heure.* »

Le dimanche suivant, 27, toute la population de Sedan, était encore tout entière sur la place de Turenne, pour suivre le convoi d'un autre médecin de vingt-cinq ans, M. le docteur Débaudre, de Bruyères (Aisne), établi à Bruxelles. A l'aide d'un sauf-conduit et d'un brassard de la Convention de Genève, il allait tous les jours à Mézières : c'est dans le trajet qu'il fut blessé par une balle prussienne. Il avait été à Mouzon, passa six semaines à Carignan, revint à Sedan. M. Duplessis prononça un très bel éloge sur la tombe, ainsi que M. le docteur Bécourt-Leclerc, Luxembourgeois. Il s'approcha de la fosse, prononça un vigoureux discours où l'on remarque les paroles suivantes : « *Si la Convention de Genève est lettre morte, qu'on nous le dise : nous nous armerons aussi, nous qui portons l'arme qui sauve ce que l'arme tue !*

» *Il nous siérait mal de parler vengeance sur un tombeau : nous sommes des gens de paix ; il n'y a que trop de victimes déjà, dans cette effroyable guerre contre laquelle tout homme de cœur proteste.*

» *Nous espérons que justice sera faite.*

» *Quel que soit le meurtrier, il portera la peine d'un crime de lèse-humanité ; sa conscience, si elle est accessible au remords, lui criera :*

» *Assassin ! ta balle a frappé un homme inoffensif !*

» *Assassin ! tu as visé un neutre !*

» *Assassin ! tu as tué à bout portant un médecin, un inviolable, un homme dévoué, sans défense, dont la mission consistait à affronter la mort pour t'apporter la vie...* »

La mort n'a pas encore prélevé un assez large tribut parmi ceux qui se dévouaient à leurs frères. Il lui fallait encore une proie ; nous en donnons le nom, quoiqu'il soit celui d'un étranger, ou mieux, parce que c'est celui d'un étranger, qui a un double droit à notre reconnaissance. Nous voulons parler du docteur *James-Christophe Davis*, qui avait quitté l'Amérique pour remplir son œuvre de dévouement. Le bon Docteur Noir, comme l'appelaient ceux qu'il avait secourus, vint dans les Ardennes après la bataille de Sedan, se consacra d'abord aux blessés de l'ambulance du Fond-de-Givonne, puis s'attacha aux six cents malades du typhus de l'ambulance du Pont-Maugis. C'est là qu'il fut brusquement enlevé à ceux qu'il soignait et même qu'il nourrissait de ses propres ressources.

Toute la population fit escorte à ce troisième martyr ; M. le Maire de Sedan se fit l'interprète des sentiments publics :

« ...... *Ah ! si dans les moments difficiles,* disait M. le Maire, *les honnêtes gens soutiennent de leur estime ceux qui restent au poste où le devoir les enchaîne, quels sentiments doit-on éprouver pour ces hommes qui se créent à eux-mêmes, spontanément, des devoirs d'humanité et de courage !*

» *De ces hommes-là, Messieurs, l'horrible guerre actuelle, cette guerre sans exemple, nous en a révélé plusieurs, et nous en voyons encore en ce moment autour de nous.*

» *Ils n'ont qu'une idée, qu'un but : se dévouer, offrir leur fortune et leur vie pour le soulagement de tant d'innocentes victimes de coupables ambitions !*

» *Et quand ils remplissent, comme l'a fait le docteur Davis, la sublime mission qu'ils se sont volontairement imposée, ils ont, certes, bien droit à quelques paroles de remerciement et d'admiration.*

. . . .

» *N'est-ce pas que nous pouvons affirmer à cette foule nombreuse qui vous accompagne ici, que, mort à vingt-huit ans pour l'amour de vos semblables, vous avez trouvé là-haut une radieuse immortalité ?*

» ...... *Adieu, docteur Davis, adieu ! ou plutôt, au revoir, si Dieu veut bien nous accorder, un jour, une fin qui ressemble un peu à la vôtre.* »

Troisième Partie.

LES RÉPARATIONS.

Dans cette troisième partie, nous n'avons pas l'intention d'énumérer toutes les réparations matérielles que les habitants, les propriétaires, les communes furent obligés d'entreprendre aussitôt après le départ des soldats allemands. Ce que nous nous proposons, c'est de signaler celles qui furent entreprises par la charité et le dévouement. Nous allons encore admirer les sacrifices que l'on sut s'imposer pour réparer les désastres, les ruines amoncelées par nos ennemis dans le diocèse de Reims. Cette page devait trouver sa place dans ce *Livre d'Or*. Le récit de M. l'abbé Baudelot, cité plus haut, donne une bien faible idée de la détresse extrême où se trouvaient les habitants de *Bazeilles* au retour de l'exil. A l'approche de l'hiver, que peuvent entreprendre cinq cents ouvriers sans asile, sans travail et sans ressources ? Heureusement, la charité chrétienne est là. Des quêtes sont organisées ; des comités de secours sont formés ; des pays les plus éloignés, accourent des hommes généreux ; animés de l'esprit de Dieu, ils travaillent de concert avec quelques personnes du pays.

A la nouvelle du désastre de Bazeilles, M. *Blount* fils, de Paris, se met corps et âme à la disposition de tous, au service de la population, avec M. le comte *Léon Mniszech* qui, par son zèle intelligent, acquit comme le droit de cité dans la localité. M. André Ninin, de Sedan, et M. de Montagnac, avec eux pourvoient aux besoins les plus pressants à l'aide de libéralités venant de tous côtés, de l'Irlande, de l'Angleterre et de la Belgique, que M. Limbourg, au congrès de Reims (août 1875), appelait la petite sœur de la France. Nombre d'évêques, beaucoup de prêtres ont été les bienfaiteurs du pays : leur nom est inscrit dans le livre de vie.

Les habitants renaissent peu à peu à l'espérance ; les maisons s'élèvent ; plus de huit cents personnes, au milieu de l'hiver, étaient rentrées dans Bazeilles. Beaucoup cependant n'avaient pour abri qu'une cabane en planches, un fournil, une cave. Pour comble de privations, la population n'avait plus d'église pour prier, ni d'école pour occuper et recueillir les enfants. M. de Fiennes (1), dont le nom sera à jamais béni dans le pays, pourvoit à ces deux pressants besoins : il donne provisoirement son habitation. Mais il n'y a pas de curé à Bazeilles. M. l'abbé Baudelot ne peut y rentrer : les menaces de mort faites contre lui par l'autorité allemande sont toujours là. M. l'abbé Sacré, enfant du pays, se dévoue ; il vient planter sa tente au milieu de ses malheureux compatriotes. Pendant près de six mois, par tous les mauvais temps, il visite, il console, soulage les habitants et prépare à mourir dans la résignation ceux que la guerre a épuisés.

Ainsi la religion, l'enseignement, la Charité sous toutes ses formes, aidée par les sœurs de Sainte-Chrétienne, par l'administration municipale, par M. de Beurmann, raniment tous les courages et font sortir Bazeilles de ses cendres. Le 18 mai 1871, les vicaires généraux : MM. Lambert, Juillet, V. Tourneur, envoient une circulaire à tous les curés du Diocèse pour solliciter des secours.

---

1. Dans son château, le salon et la salle à manger servent d'église ; d'autres pièces abritent les écoles de filles et de garçons.... Le maître est à peu près banni de chez lui.

Mgr l'Archevêque ordonne qu'une quête soit faite en faveur des églises de Mézières et de Bazeilles, le dimanche du Sacré-Cœur (18 juin) ; le produit de la quête devra être envoyé au Secrétariat de l'Archevêché (1).

De son côté, le nouveau curé de Bazeilles, M. l'abbé Misset, nommé le 1er avril, faisait l'impossible pour rendre l'espérance et la vie à ce malheureux pays, comme l'atteste la lettre suivante, insérée le 28 juin dans le *Bulletin du Diocèse.*

« J'arrive de Bazeilles, ce pauvre village dévasté, mais renaissant. Ce n'est plus là, je vous l'assure, un spectacle qui n'offre que des tristesses ; ces ruines, sans doute, sont navrantes

---

1. Le *Bulletin du Diocèse,* parlant des dons de Pie IX, nous dit, à la date du 11 novembre 1871 :

« Chacun sait que le Saint-Père, si injustement dépouillé, trouve encore le moyen de venir en aide aux infortunes de tous genres qui lui sont signalées. Mgr l'Archevêque de Reims avait recommandé, d'une façon toute particulière, à Mgr le Nonce, les églises de son Diocèse les plus dévastées par la guerre. Plusieurs déjà ont reçu des témoignages de l'intérêt que Pie IX porte à notre pays. Nos lecteurs liront volontiers la lettre suivante écrite à ce sujet.

« Monsieur l'Abbé,

» L'église de Mézières a sa bonne part dans les dons envoyés par Sa Sainteté aux églises ruinées par la guerre.

» J'ai été très surpris de recevoir ces jours derniers de la Nonciature : 1° un très beau calice en argent massif ; 2° un reliquaire en argent doré ; 3° une chasuble noire. Le tout porte le cachet du bon goût en même temps que l'empreinte d'une pensée éminemment charitable. Aux objets que je viens de mentionner, il faut ajouter un beau surplis romain et quelques linges pour le Saint Sacrifice.

» Je me suis empressé d'offrir à Mgr le Nonce Apostolique l'hommage de ma reconnaissance personnelle et de celle de mes paroissiens. Tous nous attachons le plus grand prix au présent lui-même, mais surtout à la paternelle sollicitude de notre bien-aimé Pie IX, qui a daigné doter notre église de ce touchant témoignage de munificence.

» Recevez, etc.

» SURY, Archiprêtre de Mézières.

» Mgr le Nonce a également envoyé un calice pour l'église de Falaise, et divers objets pour l'église de Bazeilles, entre autres un ciboire et un magnifique Christ en ivoire. »

à voir, mais l'activité qui les répare console et rend l'espérance. Bazeilles, en ce moment, est la vraie image de la patrie abattue, mais forte encore et regardant avec confiance l'avenir, que le travail et l'énergie de ses enfants promettent de rendre prospère et glorieux. Bientôt Bazeilles tout entier sera rebâti.

» Mais je fais trêve à ces réflexions et j'en viens à l'objet de ma lettre. J'apporte aux lecteurs du *Bulletin* le récit d'une cérémonie infiniment touchante qui s'accomplissait à Bazeilles dimanche dernier, à l'heure même où tous nous faisions la quête prescrite par Mgr l'Archevêque pour la reconstruction de son église.

» La procession du Saint-Sacrement avait été remise au dimanche du Sacré-Cœur. M. le comte de Fiennes, maire de la commune, y assistait revêtu de ses insignes, accompagné de son Adjoint aussi en écharpe et de tout le Conseil municipal. En invitant le Conseil, M. le comte de Fiennes avait dit : « *La France est allée à sa ruine pour avoir perdu le respect de toute autorité divine et humaine. Restaurons le respect en faisant acte de foi et de soumission à Dieu ; j'assisterai à la procession du Saint-Sacrement en écharpe et comme maire de la commune : j'espère que vos sentiments seront les miens et que, dimanche, nous serons tous autour du prêtre dévoué qui vient nous aider à relever nos ruines.* »

» La procession parcourut toutes les rues de la paroisse, dans laquelle de nombreux reposoirs étaient dressés. Une station devait avoir lieu aux ruines de l'église.

» M. l'abbé Misset, le nouveau curé, avait voulu que, pour cette cérémonie, l'église demeurât telle que l'avaient faite les vainqueurs... On avait seulement, par respect pour Notre-Seigneur, placé un linge blanc sur le monceau de pierres calcinées qui fut l'autel ; une grande croix le surmontait.

» Dimanche dernier, à dix heures, le Dieu de l'Eucharistie rentrait dans cette église en cendres, et son prêtre le déposait à l'endroit même où, le 2 septembre dernier, des mains sacrilèges l'avaient brûlé dans son tabernacle, profanation que tout un peuple à genoux et en larmes venait réparer.

M. L'ABBÉ MISSET.

» M. le Curé prit la parole, et empruntant à Jérémie ses lamentations, déplora le crime et jura, au nom de tous, de le faire servir à la gloire de Dieu et à l'honneur de la population de Bazeilles. Puis, invitant toute la population à s'agenouiller : « *Élevons*, dit-il, *nos voix vers le Seigneur de cette église qui n'a plus maintenant d'autre voûte que le ciel ; nos cris ne manqueront pas d'être entendus.* »

» Ce que je ne pourrai pas vous peindre, M. le Rédacteur, c'est l'émotion de l'assistance en ce moment... On chanta le psaume 119me : *Ad Dominum cum tribularer clamavi : j'ai crié vers le Seigneur dans ma tribulation ;* prière qui convenait si bien à la circonstance... »

M. le Curé est aujourd'hui à l'œuvre ; espérons qu'il trouvera partout, comme dans sa paroisse, le concours dont il a besoin. Il a eu l'heureuse idée de suspendre, à l'entrée des ruines de l'église, des inscriptions en quatre langues : en latin, français, anglais, allemand. Je regrette de n'avoir pas copié le texte de ces inscriptions, mais en voici le sens exact :

Latin : *O vos omnes qui transitis per viam, attendite et videte si est dolor sicut dolor meus.*

Français : *O vous qui entrez ici, voyez que je n'ai pas une pierre où reposer ma tête.*

Voici les deux autres :

Anglais : *O charité anglaise, sois large comme nos besoins.*

Allemand : *Que la concorde et la charité réparent le mal fait par la discorde.*

A quelques jours de cette magnifique réparation, le 4 juillet, la municipalité de Bazeilles était reconstituée ; le Préfet des Ardennes nomma une Commission chargée de la répartition des secours recueillis en faveur des malheureux habitants.

« Cette Commission, dit le *Courrier des Ardennes*, composée du Maire, du Curé, de l'Adjoint, de deux Membres du Conseil municipal et de la Sœur Supérieure des écoles et de l'asile, a fonctionné aujourd'hui. Elle donnera, au fur et à mesure des besoins, du pain, de la viande, des vêtements, des couvertures, des instruments de travail ; elle paiera des loyers, pourvoira enfin à toutes les tristes nécessités du moment.

» Bazeilles comptait, avant la guerre, six cents maisons et possédait plus de deux mille habitants, cinq cent quinze métiers à tisser le drap, trois filatures de laine, cinq brasseries, deux établissements métallurgiques, deux moulins, trois marchands de houille, douze épiciers, cinq magasins de rouennerie, trois bouchers, six boulangers, etc...

» Aujourd'hui ce beau village n'est qu'un monceau de ruines ; les habitants logent dans les caves de leurs maisons et au milieu des décombres. Grâce à la générosité des Anglais et des Belges, et à l'inaltérable dévouement de deux commissions de secours instituées à Sedan, sous la présidence de MM. de Montagnac et Goulden, la population de cette commune a vécu. Il est temps que la France s'occupe un peu à son tour de soulager cette masse d'infortunés privés de pain et d'asile. Les souscriptions de toute nature devront être adressées à Mme Sœur Saint-André, Supérieure des Sœurs de Sainte-Chrétienne, au château de Montvillers à Bazeilles (Ardennes). »

Depuis longtemps, Mgr l'Archevêque désirait visiter la population affligée de Bazeilles. Déjà, son Excellence avait organisé des secours pour les victimes. Outre ses largesses personnelles, elle s'était faite l'intermédiaire de nombreuses offrandes. Elle avait ordonné une quête dans tout le Diocèse. Enfin, le 28 juillet, Mgr Landriot visite Bazeilles. La population l'attend sur la place, où sont amoncelées les ruines de l'école, de la maison commune et de l'église. L'adjoint, en l'absence du Maire, adresse à son Excellence les paroles suivantes : « L'arrivée de votre Excellence, au milieu de nos tristes ruines, nous comble de joie. La population de Bazeilles, dispersée après de si tristes épreuves, souffre encore cruellement ; elle a besoin de consolations et d'encouragements pour triompher de son accablement. Votre visite, Monseigneur, dans des circonstances aussi douloureuses, rendra la force et le courage à tous nos malheureux habitants.

» Voyez vous-même, Monseigneur, les ruines de nos habitations et les restes de notre église, où nous aurions pu élever nos regards suppliants vers Celui qui décide du sort des nations.

» Nos écoles, où nos enfants recevaient une instruction chrétienne proportionnée à leur âge, ne sont plus que des ruines. Notre malheureuse population a perdu quarante habitants fusillés, brûlés ou jetés à la Meuse. Un nombre bien plus considérable sont morts par suite de blessures, de mauvais traitements et de privations qu'ils ont endurés, malgré la charité bienfaisante des comités de secours qui se sont formés partout pour nous venir en aide.

» Mais elle a encore besoin d'autres secours ; les ressources pécuniaires lui manquent pour relever son église, ses bâtiments communaux. Elle compte sur la bienveillance de son premier Pasteur, pour l'aider à recueillir les sommes nécessaires à la reconstruction de ses monuments.

» Interprète des sentiments du Conseil municipal et de la paroisse tout entière, je manquerais à mon devoir, Monseigneur, si je ne vous offrais mes remerciements pour nous avoir envoyé un prêtre aussi dévoué et aussi charitable que M. l'abbé Misset, qui partage avec nous nos malheurs et nous aide à les supporter avec résignation. »

Après avoir répondu à ces sympathiques paroles, dit le Rédacteur du *Bulletin*, Mgr l'Archevêque visita avec un douloureux intérêt les ruines de Bazeilles, puis se rendit au château de Montvillers, où presque toute la population se trouvait réunie. Plusieurs ecclésiastiques, M. l'Archiprêtre de Sedan, M. le Supérieur de Saint-Walfroy, MM. les Aumôniers de l'Hospice et de l'Assomption, MM. les Curés de Torcy de Raucourt, de Carignan, de Villers-Cernay, de Balan, de Daigny, de Remilly faisaient cortège à Son Excellence.

C'est au château de Montvillers que les Sœurs de Sainte-Chrétienne tiennent leurs écoles depuis le jour où la guerre les a chassées de leur propre maison : le Prélat bénit les deux cents enfants qui lui furent présentés, puis, entrant dans la chapelle du château, adressa à l'assistance une courte allocution pleine de paroles émues, telles que pouvait en suggérer le spectacle navrant que tous venaient de contempler.

Son Excellence fit remettre à M. le Curé une large aumône, destinée à la nourriture des enfants recueillis et nourris par les charitables Sœurs, à l'achat de quelques objets destinés au culte, à l'habillement des enfants qui doivent prochainement faire leur première Communion ; le surplus de ces pieuses largesses devait être versé dans la caisse du Comité de secours établi à Bazeilles (1).

---

1. Nous lisons dans le *Bulletin de la Rochelle*, 11 novembre 1871 :
« Nous avons annoncé précédemment l'arrivée à la Rochelle de jeunes orphelines de Belfort qui ont été placées, soit dans la ville, soit à la campagne, pour y être élevées aux frais de l'œuvre spéciale organisée à cet effet.

» Vendredi, nous avons reçu cinq autres petites filles qui ont été adoptées par Mgr l'Évêque et placées chez les Dames de la Providence de la Rochelle. Ces enfants arrivent de Reims, du bourg de Bazeilles, diocèse de Reims, et de quelques villages environnants. M. le Curé de Bazeilles est parti du fond de la Champagne pour conduire lui-même ces pauvres enfants à Paris. Et c'est de là qu'une personne de confiance les a amenées jusque dans la maison qui sera désormais leur famille et leur foyer.

» On sait le sort affreux qu'a subi Bazeilles dans la dernière guerre. Le village a été complètement et volontairement brûlé par les Bavarois dans les journées des 2, 3 et 4 septembre 1870. Il comptait, avant cette époque, plus de deux mille habitants ; trente-quatre d'entre eux ont été fusillés, ou noyés, ou brûlés, et plus de cent

Aussi bien, les besoins sont immenses et pressants dans ce malheureux pays ;... les offices se célèbrent dans une chapelle voisine du village, et le DIEU de l'Eucharistie est enfermé dans un ciboire d'emprunt. La charité catholique a entrepris de réparer ces désastres ; c'est presque un miracle à faire : elle en a fait bien d'autres. Les dons arrivent sans cesse, et l'on peut espérer que Bazeilles sortira de ses ruines plus beau et mieux bâti.

DIEU surtout n'est pas oublié. M. le Curé reçoit un riche ciboire, qu'il doit à la munificence de Mgr l'Archevêque de Reims et à la générosité de quelques jeunes filles d'un diocèse lointain, que des liens de fraternité unissent au nôtre. Sur le pied on lit : *Offert par l'Archevêque de Reims et les Élèves de la Providence de Saint-Pierre d'Oléron (Charente-Inférieure), 15 août 1871.*

Quelques jours après, la *Semaine de Rouen* envoie à M. l'abbé Misset une somme de 200 francs, qui lui a été remise pour la reconstruction de l'église de Bazeilles, détruite par les Bavarois. Un autre don arrive, mais sans le nom des donateurs. M. le Curé de Bazeilles, touché de la générosité de ces donateurs, éprouve le besoin de témoigner sa reconnaissance. Il écrit à ce sujet une lettre dans le *Bulletin du Diocèse* : « On m'apporta, il y a quelques jours (la lettre est du 26 août), pour la future église du malheureux village de Bazeilles, une paire de candélabres en bronze doré.

---

autres ont succombé aux mauvais traitements. Des écoles, de la cure, de l'église même, il ne reste que des ruines. Aussi, M. Misset, curé de Bazeilles, s'est-il dévoué pour relever toutes ces ruines, en faisant appel à la charité des fidèles. Ceux qui voudraient venir en aide à ces immenses besoins pourraient lui adresser leurs offrandes à Bazeilles, près Sedan (Ardennes).

» Quant à nos cinq petites filles, des deux de Bazeilles, l'une a eu son père fusillé, l'autre ignore et nul ne sait encore ce qu'est devenu le sien ; deux autres sont de Reims et n'ont plus ni père, ni mère ; la dernière est de Voncq, village situé aux environs de Bazeilles, et presqu'aussi maltraité que lui. »

» Grande fut ma satisfaction et plus grand encore fut chez moi le désir de connaître les noms des auteurs de cette gracieuse libéralité, pour leur en témoigner toute ma gratitude ; mais la délicate attention de nos bienfaiteurs fit échouer les efforts de ma pardonnable indiscrétion.

» Je dus me contenter d'apprendre que ces deux candélabres étaient le fruit d'une collecte faite par deux dames de Sedan.

» Touchées des outrages faits à Dieu par la ruine de son temple, ces dames s'étaient émues à la pensée que, loin de pouvoir les réparer, nous n'avions pas même les ressources nécessaires pour subvenir aux besoins du Culte.

» C'est alors qu'elles ouvrirent une souscription à laquelle s'empressèrent de prendre part les pieux habitants de Sedan qui en eurent connaissance.

» Au nom de mes paroissiens et au mien, j'en remercie celles qui ont pris l'initiative de cette bonne œuvre, et les généreuses personnes qui ont concouru à nous faire cette agréable surprise.

» Puisse leur exemple trouver partout des imitateurs, et nous permettre d'espérer que la vue ou le souvenir de notre église réveillera, dans le cœur des vrais amis de Dieu, la résolution de nous venir en aide pour sa prompte réédification !

» Restée telle que l'ont faite les premiers jours de septembre 1870, la maison du Seigneur apparaît encore aujourd'hui dans son triste tableau formé par les désastres de Bazeilles, comme une ruine faisant appel à la charité de tous. »

Cette lettre prouve bien que l'abbé Misset ne se dissimulait pas le besoin qu'il avait de tendre la main. Pasteur et Père de la paroisse, il reconnut « la grandeur et la gravité de sa mission, mais, confiant en la Providence et fort de la difficulté même de son mandat, il se mit résolument à l'œuvre. Le courant de la charité, attiré par d'autres infortunes que la guerre semait partout sur ses pas, commençait à se diriger ailleurs. Par son zèle et son intelligence active, il sut ramener l'attention des âmes charitables vers des misères et des besoins qui étaient loin d'être soulagés. Pour cela, il n'épargna ni veilles, ni démarches, ni correspondances ; et, longtemps encore après son arrivée, de nombreuses familles nécessiteuses et les enfants pauvres étaient entièrement entretenus avec les subsides qu'il se procurait là où son zèle lui inspirait de frapper (1). »

La lettre suivante en dira plus que mes paroles. Cependant, elle ne dira pas les nombreuses industries, les incessantes démarches, les courses multipliées de l'infatigable Curé, qui envoya 55,000 lettres d'appel dans toutes les directions.

« En présence des maux occasionnés par la guerre, et des efforts faits pour les adoucir, j'ai cru devoir m'abstenir jusqu'ici de m'adresser à tous les cœurs compatissants, pour m'aider à faire sortir du chaos où se trouve, depuis deux ans, le village de Bazeilles complètement incendié pendant les journées des 1, 2 et 3 septembre 1870.

» L'Europe a retenti des maux qui ont accablé les 2.000 habitants de Bazeilles. On sait que 39 ont été fusillés, noyés ou brûlés, et que plus de 200 personnes ont succombé aux mauvais traitements qu'elles avaient reçus.

» Quatre cent cinquante habitations ont été incendiées. De la maison commune, du logement des instituteurs et des institutrices, des écoles de garçons et de filles, de la salle d'asile, du presbytère, il ne reste plus que des ruines impossibles à réparer.

» Dieu n'a pas été plus respecté dans son temple : les autels ont été détruits, les vases sacrés ont disparu, les ornements

---

1. *Bazeilles*, par l'abbé Eug. Leflon.

sacerdotaux, comme tout ce qui servait au Culte, ont été anéantis par le feu, et des bombes incendiaires qui venaient embraser l'édifice, ont achevé de renverser ce que la main n'avait pu détruire. Le total de nos pertes dépasse quatre millions de francs.

» Telle est, en résumé, la situation qui nous a été faite dans les trois jours qui ont suivi la capitulation de Sedan.

» Malgré l'étendue de nos désastres, déjà 1.500 habitants, plus attachés que jamais au sol qui les a vus naître, se sont construits, à la hâte, un abri sur ces ruines ; ne faut-il pas les encourager à s'y fixer pour toujours ?

» Notre premier devoir fut de prodiguer à cette population, si cruellement éprouvée, les consolations que réclamait sa détresse.

» Grâce aux secours qu'on nous adressa des divers contrées de la France, de la Belgique, de l'Angleterre, et même de pays lointains, nous pûmes distribuer aux habitants de Bazeilles du linge, des vêtements, des denrées alimentaires, du chauffage, des médicaments et des instruments de travail.

» Mais à ces soins matériels ne doit pas se borner notre sollicitude. Prêtre, j'ai d'autres devoirs ; il me faut surtout veiller aux intérêts spirituels de mes paroissiens, et chercher à réveiller et à entretenir, dans leur cœur, le sentiment moral et religieux, qui peut seul leur donner la force de supporter leurs épreuves avec résignation et de reprendre le travail avec courage.

» Afin d'arriver à ce but, il nous faut une église et des écoles.

» On comprendra que, sans sortir de mes attributions, je m'intéresse à la reconstruction de ces deux édifices, les plus puissants auxiliaires et la plus sûre garantie d'une éducation basée sur le respect que l'on doit à DIEU et aux hommes.

» Si l'œuvre est grande et difficile, ce n'est pas sur moi que je me repose pour l'accomplir, je compte sur la protection de Dieu et sur la bonne volonté de ceux qui l'aiment.

» Tous les hommes de bien, tous les hommes religieux s'inscriront pour relever à Bazeilles la maison du Seigneur.

» C'est une œuvre de restauration à laquelle je prie tous mes confrères dans le sacerdoce de vouloir bien s'associer; leur concours est acquis d'avance à tout ce qui se rattache à la gloire de Dieu ; j'espère donc que leur charité et leur dévouement à notre malheureuse cause, me permettront de compter sur eux pour seconder mes efforts.

» J'en appelle à tous les écrivains que l'étendue de nos désastres nous rendront sympathiques, et je les conjure au nom de Dieu, au nom d'une population accablée, de se faire, par la voix de leurs journaux, les échos de nos malheurs et les interprètes de nos besoins. Heureux serais-je, si leur bienveillance allait jusqu'à publier qu'ils recueilleront dans leurs bureaux les offrandes qu'on voudrait bien y déposer à notre intention.

» Puisse ne pas paraître importune la parole d'un prêtre qui gémit sur le sort de ses paroissiens, et puissent ne pas rester indifférents ceux qui sont à même de se procurer la satisfaction d'une bonne œuvre accomplie !

» Nous avons été les victimes inoffensives d'une cruelle rigueur, et la conduite si héroïque de l'infanterie de marine n'a pu conjurer notre ruine !

» Eh bien ! que par amour pour Dieu et pour la patrie, il n'y ait pas un seul Français qui, calculant sa générosité sur l'étendue de ses ressources, n'apporte sa pierre pour la reconstruction de notre église et de nos écoles !

» On affirme que la souscription pour la libération du territoire n'a pas abouti; n'est-ce pas pour les souscripteurs à cette œuvre patriotique, et pour ceux qui l'ont si généreusement encouragée, un motif de sauvegarder le mérite de leur bonne ntention, en nous adressant une part de la somme qu'ils destinaient à faciliter l'éloignement des auteurs de nos désastres ?

» Qu'il me soit donc permis d'attendre de la charité de tous a consolation que j'implore en compensation de nos malheurs et de nos peines. »

Le 4 juillet 1872, Mgr l'Archevêque de Reims écrit à M. l'abbé Misset : « Mon cher Curé, je ne puis que louer votre œuvre éminemment pastorale, et je la recommande à la charité du clergé et des fidèles. La malheureuse paroisse de Bazeilles a tant souffert à la suite de la désastreuse bataille de Sedan, que le récit, même abrégé, de ses infortunes touchera, nous en avons l'espoir, le cœur de tous ceux qui le liront. »

Déjà le 22 juin 1872, Monseigneur avait approuvé la lettre de M. l'abbé Misset : il l'encourageait dans son œuvre de dévouement, et lui promettait de le recommander à la bienveillance des personnes charitables qui voudraient bien lui venir en aide.

Les efforts de M. l'abbé Misset furent couronnés de succès : quelques mois après sa supplique adressée de tous les côtés, il fut assez heureux pour voir sa paroisse dotée d'une église provisoire, dans l'ancien presbytère de Bazeilles, et dont l'inauguration se fit le 11 novembre. On peut lire dans le *Bulletin du Diocèse* un article, à ce sujet, de M. l'abbé Lejay, qui était toujours disposé à prêter sa plume et son cœur pour faire le récit de ces sortes de cérémonies. On y trouvera également le discours de M. l'abbé Tourneur : nous n'osons le reproduire ici, et cependant il serait une des plus belles pages de ce *Livre d'Or*.

M. Tourneur, en terminant le discours dont nous venons de

parler, exprimait le désir de voir dans deux ans Bazeilles en fête, mais cette fois pour la consécration de l'église définitive. Où trouvera-t-on des fonds pour une si grande entreprise, après tout ce qui a déjà été donné ? M. le Curé ne se décourage pas : il agit comme s'il était sûr de réussir. Un premier appel lui fournit 13.500 francs. Le ministre de l'intérieur s'inscrit pour 30.000 francs. C'est beaucoup déjà, mais cependant c'est peu pour l'abbé Misset. Ce n'est pas seulement un temple qu'il désire élever au Seigneur ; c'est un monument perpétuel de réparation et d'amende honorable à Dieu, pour le sacrilège qui a livré aux flammes l'ancienne église. Pour arriver à ces fins, M. le Curé saura attendre, mais il n'en redouble pas moins de zèle.

Cette idée bien juste et bien légitime pour un prêtre soucieux de toucher le cœur de Dieu pour attirer les plus nombreuses bénédictions sur ses paroissiens, ne détourne pas cependant M. l'abbé Misset de son plan général de restauration matérielle. En 1873 et 1874, les écoles sont définitivement établies dans les édifices communaux. Quelque temps après, sous l'impulsion de M. le Curé, s'élève le presbytère, pour la construction duquel des cœurs généreux ont offert 8.000 francs. Le Gouvernement avait donné à la commune une subvention qui permit d'acheter le terrain de l'ancienne habitation de la famille Auger. M. l'abbé Misset lui-même, par des avances et des sacrifices personnels, hâta la réalisation de cette entreprise indispensable, puisque son logement était à trois grands kilomètres de la paroisse.

Le 5 mai 1876, Mgr Langénieux fait à Bazeilles sa première visite, et donne la Confirmation aux enfants de la paroisse. Un ami du *Bulletin* envoya à cette occasion un récit de cette visite.

Nous renvoyons le lecteur au *Bulletin du Diocèse*, où se

trouvent également reproduits : un discours du Maire de Bazeilles, un autre de M. le Curé.

Qu'il nous soit cependant permis d'extraire du récit l'épisode qui se passa au cimetière. Voulant appeler l'attention de Monseigneur et sa bénédiction particulière sur la tombe de la sainte religieuse que pleure Bazeilles, M. Blount veut essayer de

LE CARDINAL LANGÉNIEUX.

rappeler en quelques mots les vertus et la vie de la noble défunte. Mais sa voix s'éteint et se brise dans les sanglots, et Monseigneur lui-même n'est pas maître de son émotion. Mais bientôt, au pied du Calvaire, la voix du pontife se raffermit, son chant de douleur se change en hymne de triomphe, et c'est avec la plus confiante sérénité qu'il donne aux vivants et aux morts rendez-vous dans ce ciel dont Notre-Seigneur JÉSUS-CHRIST a brisé pour nous les portes au jour de son Ascension, et qu'il nous prédit dès cette terre la résurrection et l'ascension de la patrie mutilée aujourd'hui et régénérée demain par la foi de ses enfants.

L'inauguration du monument élevé à la mémoire des soldats français tombés autour de Sedan dans les journées héroïques du 31 août et du 1er septembre 1870 eut lieu.

Le *Courrier des Ardennes* rend compte en ces termes de cette touchante cérémonie :

« Les routes sont encombrées depuis l'aube. Les voitures et les piétons circulent dans Sedan et sur les routes de Bazeilles et de Balan ; de nombreux groupes s'arrêtent sur les tombes disséminées et qui ont été fleuries pour la circonstance ; à mesure qu'on avance, la foule est plus compacte, et, dès la maison Bourgerie, le trajet devient très difficile.

» La foule est recueillie ; aucun bruit, aucun cri, aucune manifestation ; on semble deviner la présence invisible d'agents étrangers.

» Le monument est élevé sur la place publique, en face de la chapelle provisoire. Il est d'une simplicité remarquable. Sur un piédestal de pierre de Commercy se dresse une pyramide à arêtes vives, sans autre ornement qu'une palme aux feuilles pliées et une croix en creux sur la face opposée. Les inscriptions sont simples aussi. Sur le piédestal on lit : *La Patrie à ses défenseurs*, et au-dessus : *Bazeilles, 31 août, 1er septembre*; sur les autres faces, les numéros de tous les régiments du 12e corps (général Lebrun) qui ont pris part au combat.

» La place est sévèrement décorée, pavoisée de drapeaux en deuil, de draperies blanches et noires ; à une extrémité de la place, du côté du presbytère, une chapelle a été dressée, et sur le baldaquin on lit : *Requiescant in pace.*

» Des cartouches portant des ancres de marine sont pendus aux coins ; au milieu, dans un autre cartouche, cette inscription : *Dieu et Patrie.*

» Pendant que les assistants affluent sur les bas-côtés de la place, que les fenêtres, les toits et les murs en ruine se noircissent de monde, une procession a lieu dans le village.

» L'Archevêque de Reims, sous un dais, précédé de toutes les autorités et de tous les personnages qui ont tenu à honneur d'assister à cette imposante cérémonie, parcourt les rues du village en donnant sa bénédiction. *L'Harmonie de Sedan* annonce son arrivée, et Monseigneur monte à l'autel.

» Nous saisissons au passage quelques noms.

» Le général Pajol, général Gresley ; le général de la Bastide, de Barodet ; M. de Courty, lieutenant de vaisseau, aide de camp du Ministre de la Marine ; le Préfet des Ardennes, le Sous-Préfet de Sedan ; les Maires de Sedan, de Charleville, de Bazeilles ; MM. les Présidents Neveux, Ninnin ; M. l'ingénieur Colle, M. Trescaze ; d'anciens députés, beaucoup de membres du clergé, des fonctionnaires de toutes les administrations, et surtout de nombreux officiers de toutes armes.

» Un piquet d'infanterie de marine faisait le service avec une compagnie du 54e, dont la musique a rehaussé l'éclat de cette cérémonie.

» Le service divin est commencé, et la messe se poursuit avec l'accompagnement du magnifique morceau de Meyerbeer, *la Bénédiction des Poignards.*

» A l'Evangile, M. l'abbé Tourneur, vicaire général de l'Archevêché, improvise une magnifique oraison funèbre des soldats morts à Bazeilles. Il prend pour texte cette parole du livre de Josué : « Ces pierres attestent que des hommes sont morts pour la patrie. »

» Nous ne pouvons retracer tout au long ce superbe morceau d'éloquence ; nous n'en retenons que ces mots, qui ont produit sur l'assistance une émotion profonde : Bazeilles a été le tombeau de leurs cadavres, mais non de leur honneur ; et après Sedan, comme après Waterloo, comme après Pavie, Azincourt, Poitiers, Crécy, on a pu dire : « Tout est perdu, hélas ! mais non pas l'honneur ! »

» En terminant, M. l'abbé Tourneur a rappelé que Bazeilles est encore sans église, et que les fonds généreusement donnés par une âme pieuse pour l'édification d'un temple restent sans emploi.

» La messe s'achève ; les assistants se précipitent alors vers le monument qui va être béni et au pied duquel vont se prononcer les discours. Le clergé entonne l'hymne des morts, tandis que le Pontife bénit le sarcophage aux quatre angles. Puis M. le Préfet prend la parole et prononce un discours dont l'analyse peut se résumer par ces mots : Souvenir immortel de l'acte héroïque accompli à Bazeilles ; qu'il soit un enseignement pour l'avenir et qu'il préside à l'union des cœurs pour la patrie !

» Après lui, M. Philippoteaux, député des Ardennes, prend la parole, et dans une allocution pleine de chaleur et d'émotion, qui a même fait verser des larmes, il a rappelé l'époque néfaste de la bataille qui porte le nom de la ville dont il s'honore d'avoir été le maire. Souvenons-nous ! tel a été le thème qu'il a développé avec éloquence. Il a terminé par un appel à la concorde politique.

» M. Matharel de Fienne, membre du Comité de Souscription pour l'érection du monument, a rendu un public hommage aux âmes charitables qui ont contribué à l'œuvre, et à l'archi-

cte, M. Maget, qui l'a exécutée. Il a tenu surtout à faire
entir que ce monument était élevé à la mémoire de *tous* les
oldats tombés dans les héroïques journées du 31 août et du
er septembre.

» Il a remercié les fonctionnaires et députés actuels aussi
bien que les fonctionnaires et députés anciens, d'avoir uni leurs
efforts pour ce patriotique résultat.

» Après ces trois discours, Monseigneur, avant de bénir
l'assistance, prononça quelques paroles dans lesquelles respirait
le plus ardent amour de Dieu, des âmes et de la patrie. »

Les auditeurs, et après eux les journaux qui ont parlé de la
cérémonie, ont rendu hommage à la beauté des pensées et à
l'élévation des sentiments qu'il exprimait. Malheureusement,
cette allocution ne peut être reproduite textuellement, car,
comme nous le savons, Monseigneur n'a recours à l'écriture
que pour les mandements ; il improvise tous ses discours.

Le *Bulletin* doit à la bienveillance de l'un de ses amis
communication d'une analyse, aussi exacte que possible, des
paroles prononcées par Monseigneur, et il est heureux d'en
faire profiter ses lecteurs.

Discours de Monseigneur.

Monseigneur dit, qu'après les discours émouvants qui viennent d'être prononcés, il se tairait s'il ne devait parler comme ministre de Dieu et avec la grâce attachée à son ministère... Il veut donner à la fête son vrai caractère : acte de foi de la France entière, dont tous les enfants ont ici leurs représentants... ; acte de foi aux vérités fondamentales qui servent de base à l'ordre social : l'immortalité et la vie à venir. Cette fête est un gage d'espérance ; elle nous rappelle la gloire du dévouement et du devoir accompli..., l'union des membres de la grande famille dans une pensée commune, planant bien au-dessus de toutes les préoccupations d'intérêt et de partis, et faisant un acte que Dieu s'est engagé à bénir, la prière unanime.

Monseigneur est au milieu de cette foule immense pour la bénir au nom de Dieu..., et comme pontife, il bénit l'armée, dont tous les corps et tous les membres sont ici représentés, depuis l'humble soldat jusqu'à ces généraux qui, par la science et la valeur, ont conquis l'honneur de commander aux autres ; cet honneur qui leur impose la charge d'âmes et le devoir de donner en toutes choses l'exemple, aussi bien dans la vie ordinaire que sur le champ de bataille, où ils savent marcher en avant et mourir les premiers... C'est l'armée qui sera l'instrument de notre régénération ; la France est dans ses mains ; la famille et la religion lui confieront tour à tour les générations qu'elles auront formées ; c'est à l'armée que reviendra la gloire de les rendre plus fortes et meilleures par la discipline, le travail et les mâles vertus religieuses, nécessaires à tous, mais aux soldats surtout. « Pour demander à des hommes d'être prêts à mourir sur l'ordre qu'on leur donne, il faut leur laisser la foi du foyer, » disait naguère un brave général à la tribune française. Nos malheurs ont appelé tous les enfants de la France sous les drapeaux, tant mieux ! Nous les y suivrons de notre dévouement sacerdotal. Et l'armée, grâce à des chefs dignes de leur mission, pourra devenir la meilleure des écoles.

Monseigneur bénit les magistrats, les pères de famille, mais surtout Bazeilles ! Bazeilles sanctifié par le sacrifice ; Bazeilles associé à la gloire de tous ces braves, et qui doit en recueillir le fruit... Bazeilles qui fixe les yeux du monde entier, et qui a reçu ses bienfaits... terre sacrée aujourd'hui, dont les habitants doivent avoir des sentiments à la hauteur des choses... victime avec l'armée... gardienne des tombeaux où reposent les restes de ceux qui étaient la joie de tant de familles... Bazeilles, nom impérissable !

En bénissant Bazeilles, Monseigneur demande à DIEU que les enfants de cette terre arrosée du sang français, soient toujours dignes du nom désormais illustre qu'elle porte, dignes de la patrie.

En France, les grands malheurs ont toujours la puissance de susciter de grands dévouements. Il semblait que, pour Bazeilles, toute nouvelle tentative était impossible ; il n'en fut rien. « Après avoir pourvu à la reconstruction de ce village par l'*Œuvre des Paysans français* et doté la localité de maisons d'école, de salles d'asile etc., les promoteurs de tant de travaux réparateurs ont compris qu'ils devaient à leurs efforts un couronnement indispensable : la reconstruction de l'église détruite et une crypte où seraient recueillis les ossements des soldats tombés là, au champ d'honneur.

» En même temps, ils apprenaient que l'*Œuvre des Tombes*, après avoir élevé 186 monuments et fondé 65 anniversaires à perpétuité à la mémoire des soldats morts en captivité, poursuivait en France le même but : il ne restait donc plus qu'à unir les deux Œuvres dans un travail commun.

» En conséquence, l'*Œuvre des Tombes* apporte son concours à celle de Bazeilles et se propose :

» 1º De reconstruire l'église de Bazeilles détruite par l'invasion, et d'y annexer une crypte où seront déposés les restes de nos soldats tués sur le territoire de la commune ;

» 2º De faire élever sur tous les points du sol français où se feront les exhumations prescrites par la loi du 5 avril 1873, des croix en pierre indiquant les sépultures communes et, autant que possible, les numéros des régiments, le combat ou le fait d'armes à la suite duquel auraient succombé ces trépassés valeureux, dont on ne saurait trop glorifier la mémoire.

» Ces constructions de monuments auront lieu concurremment avec des fondations d'anniversaires à perpétuité qui appelleront périodiquement la prière publique sur les restes honorés de ces morts de la patrie.

» Les souscriptions, jusqu'à complet achèvement de l'*Église Crypte de Bazeilles*, seront affectées aux deux œuvres dans les proportions suivantes :

» Deux tiers (2/3) pour l'Œuvre de Bazeilles ;

» Un tiers (1/3) pour l'Œuvre des Tombes.

» Le Comité publiera tous les trois mois un rapport qui sera envoyé aux souscripteurs qui en feront la demande. »

Tels étaient les projets des fondateurs de l'Œuvre des Tombes, patronnée par leurs EE. MM. les Ministres de la Guerre et de la Marine. Dans leur appel ils ajoutaient : « Nous comptons sur la France entière pour nous aider à les réaliser.

» Il y a là pour tous un devoir d'honneur, une dette imprescriptible et sacrée.

» Nous en appelons donc à la sollicitude de tous ; car, après avoir secouru nos blessés sur les champs de bataille et nos prisonniers en captivité, la France ne peut pas se montrer oublieuse et inhospitalière envers ses morts.

» Les fonds pour la souscription de l'Œuvre sont reçus :

» Chez les Trésoriers-Payeurs généraux, les Receveurs des finances, les Percepteurs dans toute la France.

» A Paris, à la *Caisse commerciale*, 32, boulevard Poissonnière ; au *Crédit industriel et commercial*, 66, rue de la Chaussée-d'Antin ; au siège de la *Société générale*, 54, rue de Provence, et dans ses succursales, ou au Comité, 9, place de la Bourse (1). »

Cette noble pensée de garder religieusement les restes des soldats morts sur les champs de bataille, de fonder pour eux des prières à perpétuité, avait été mise en œuvre par les populations elles-mêmes, comme nous aurons l'occasion de le dire dans la quatrième partie de ce *Livre d'Or* : de tous côtés, en effet, on a célébré dans toutes les parties du Diocèse de Reims éprouvées, ou voisines de celles qui avaient subi les horreurs de la guerre, des services pour les personnes qui succombèrent durant cette désastreuse guerre.

Quand on songe aux malheurs qui fondirent coup sur coup sur Bazeilles, on éprouve une indescriptible douleur ; on est toutefois bien consolé quand on énumère, si rapidement que ce soit, les grandes choses que suscitèrent ces désastres. Bazeilles est à jamais célèbre dans l'histoire ; célèbre par ses malheurs, par le sang qui a été répandu, par les victimes immolées, par les sacrifices de tout genre imposés aux habitants ; mais il est célèbre aussi par les nobles dévouements dont il a été le témoin. On ne pourra plus jamais contempler le nom de ce pays, de ce pays restauré, sans le voir entouré des noms de ses nombreux bienfaiteurs, venus de tous les points du monde, marchant sous la bannière de la charité, et donnant à tous indistinctement le pain, le vêtement, devenus indispensables, élevant des asiles provisoires, construisant des écoles et couronnant leurs œuvres de générosité en faisant un dernier effort pour offrir au Dieu qui les récompensera, un temple digne de Lui, et en mettant sous la garde de ce Dieu, les restes des soldats si généreusement morts pour le devoir.

---

1. *Bulletin du Diocèse*, 1876.

Les grandes manifestations qui se sont vues pour Bazeilles, se sont également produites dans d'autres circonstances, où un sang généreux avait été répandu.

Les personnes qui étaient à Reims, au moment de l'exécution de M. l'abbé Miroy, savent avec quel entrain la population tout entière s'est portée au cimetière. Ces marques de sympathie n'ont pas diminué depuis. Le peuple, le peuple, qui a toujours le cœur grand et généreux quand on lui laisse sa liberté d'action, le peuple surtout s'est montré généreux pour le pauvre curé de village. C'est à qui apporterait les plus belles fleurs, les plus belles couronnes. A la Fête des Morts, la tombe de M. l'abbé Miroy est une des plus ornées et des plus visitées. C'est un véritable lieu de pèlerinage et quand Monseigneur, entouré de tout le clergé de la ville, arrive après la messe pour bénir les tombes, à l'endroit où se trouve couchée *la victime*, il est facile de voir, à l'attitude de la foule, au silence des nombreux assistants qui entourent le bronze parlant, que l'on attend une prière particulière pour ce généreux citoyen que l'on aime toujours, et que l'on visitera longtemps encore.

Les démonstrations si touchantes de la foule ne furent pas le seul hommage rendu à la mémoire de M. l'abbé Miroy. Plusieurs personnes généreuses, encouragées par M. René de Saint-Marceaux, conçurent l'idée de perpétuer à Reims le souvenir de la mort glorieuse du curé de Cuchery, en élevant sur sa tombe *un monument commémoratif*.

Une souscription est ouverte le 8 juin 1870 ; une commission est nommée pour recevoir les offrandes et réaliser le projet de *réparation*. Le 8 juillet, M. l'abbé Deglaire rend compte dans le *Bulletin du Diocèse* des résultats obtenus : « On ne s'adresse jamais en vain aux âmes françaises et chrétiennes, dit M. le Rédacteur. Rien ne presse, ajoute-t-il, MM. les Doyens ont tout le temps pour faire parvenir le montant des offrandes qu'ils peuvent recueillir ; mais il importe qu'ils indiquent à la commission, dans un bref délai, le chiffre des souscriptions, parce que cette connaissance est nécessaire pour guider l'artiste qui s'occupe du monument. »

Le 17 juillet, le journal religieux, pour satisfaire la légitime curiosité des souscripteurs, insère ces quelques lignes : « *M. René de Saint-Marceaux*, qui a toutes les qualités d'un artiste distingué, s'occupe d'élever un monument à la mémoire de l'infortuné abbé Miroy. Nous avons vu les dessins exécutés par M. de Saint-Marceaux, et il nous est permis d'apprécier dès maintenant l'œuvre future.

» L'abbé Miroy, revêtu de la soutane, y est représenté étendu à terre, dans l'attitude d'un homme qui vient de recevoir la mort. Les soldats qui l'ont exécuté apparaissent au second plan. Dans le fond, l'on voit la silhouette de la cathédrale et le soleil qui se lève. C'est l'histoire authentique d'un fait lamentable !!! Nos lecteurs savent qu'une souscription est ouverte pour couvrir les frais de cette œuvre patriotique et religieuse. »

Ce projet ne fut pas mis à exécution : mais celui qui recueillit les suffrages de la commission ne lui est pas inférieur. Au contraire, M. de Saint-Marceaux, qui offrait gratuitement son talent pour la composition du sujet à exécuter, semblait vouloir se surpasser. On croirait que son idée de faire une œuvre patriotique et toute de générosité avait grandi son talent.

En décembre 1871, M. l'abbé Deglaire presse la rentrée des listes de souscription. « Par inclination et par devoir, je me suis associé volontiers aux hommes de cœur qui ont eu, les premiers, la généreuse pensée de recouvrir d'un voile d'honneur la tombe du pauvre abbé Miroy.

» Mais alors j'ai pris un engagement, j'ai promis au Comité d'intéresser à son noble projet tous les prêtres et tous les pieux fidèles du diocèse. Pour me libérer, j'ai fait appel au bienveillant concours de MM. les Archiprêtres et de MM. les Doyens ; je leur ai adressé à la date du 8 juin, avec prière de la communiquer à tous nos Confrères, la lettre suivante.

« Monsieur, au jour de la mort de M. l'abbé Miroy, les habitants de la ville de Reims ont témoigné par leur noble et pieuse attitude, qu'ils n'étaient pas moins atteints dans leur religion que dans leur patriotisme et qu'ils voulaient à la fois porter le deuil du prêtre et du citoyen. « Élevons, ont-ils dit, à
» la mémoire de ce pauvre curé, un monument qui garde, avec
» le souvenir de nos malheurs, celui de son dévouement. »

» Une souscription fut immédiatement ouverte à cet effet, et un Comité de sept membres fut institué pour recueillir les dons. J'ai cru devoir, au nom du Clergé, accéder à la demande de cette commission entièrement laïque, qui m'appela dans son sein, et je viens aujourd'hui, Monsieur, remplir auprès de vous ma mission de zélateur.

» Je vous adresse donc une de nos listes de souscriptions, avec prière de la présenter à tous nos Confrères du canton, et par eux, à toutes les personnes que cette œuvre pourra intéresser.

» Veuillez...

» Ph.-H. Deglaire. »

« *P. S.* — Nous avons l'honneur de compter au nombre des souscripteurs, Mgr l'Archevêque, MM. les Vicaires généraux et à peu près tous les Membres du Clergé de Reims.

» Vous pouvez attendre une occasion pour envoyer les offrandes recueillies, mais je vous prie de nous indiquer le plus tôt possible le montant de votre liste, parce que la connaissance du chiffre total de la souscription est nécessaire pour diriger l'artiste qui s'occupe de ce monument.

» Aujourd'hui, le moment est venu de rendre compte au Comité de mes efforts et de lui faire connaître le résultat final de mes démarches. J'appelle donc avec confiance le prompt retour des listes qui ne sont pas encore rentrées ; j'adresse avec la même confiance une dernière prière à tous ceux que j'ai promis de solliciter, c'est-à-dire, à tous mes Confrères et à tous les pieux fidèles. Il ne me reste plus alors qu'à demander au bon Dieu de vouloir bien acquitter ma dette de reconnaissance envers tous.

» Ph.-H. Deglaire,

» Ch. hon., Aumônier du Lycée. »

Le projet du monument est arrêté en juin 1872. L'*Indépendant rémois* l'annonce avec bonheur : « Voici une bonne nouvelle pour la ville de Reims. Le jury du Salon vient de décerner les récompenses aux artistes, et c'est avec le plus vif plaisir que nous voyons figurer dans la section de sculpture, le nom de M. de Saint-Marceaux.

» L'œuvre de notre concitoyen, comme beaucoup d'autres, n'a pu être exposée pour des raisons politiques ; cependant, le jury, considérant avec justice que les artistes sont déjà assez lésés par cette mesure qui les prive de l'exposition publique et par conséquent du succès réservé aux œuvres de mérite, a décidé qu'ils participeraient au concours et auraient une chance égale dans la distribution des récompenses. C'est ainsi que le tombeau de l'abbé Miroy, dont nous réservons la critique et la description pour d'autres temps, valut à son auteur une seconde médaille. Pour nous, qui avons vu cette œuvre à l'atelier, et qui avons pu l'étudier avec soin, nous pensons que, sans des circonstances aussi défavorables, elle aurait obtenu une première médaille.

» Mais si des considérations qui se rattachent aux affaires publiques nous imposent une entière discrétion pour ce qui concerne l'œuvre, nous pouvons du moins nous permettre de causer un peu de l'artiste.

. . . .

» Il y a deux ans, plusieurs personnes, touchées de la mort du curé de Cuchery qui tomba victime d'un fatal état de choses, organisèrent à Reims une souscription qui se couvre en ce moment..... M. de Saint-Marceaux se chargea de la partie sculpturale avec le plus grand désintéressement, et il fit une œuvre où se confondent d'une manière heureuse et le sentiment patriotique et le sentiment français.

» A. DUJARDIN. »

A l'aide des fonds recueillis, on acheta un terrain dans le Cimetière Nord, on construisit un caveau pour y déposer définitivement les restes de M. l'abbé Miroy. L'*Exhumation* eut lieu en présence d'un prêtre, d'un commissaire de police et de quelques personnes de la ville auxquelles s'étaient joints plusieurs employés du Chemin de fer de l'Est qui avaient donné au curé de Cuchery les plus grandes marques de sympathie. M. Dervin, de Cuchery, resté fidèle à son curé, était aussi présent.

Le cercueil est ouvert : le corps est presque intact, les yeux sont encore couverts du bandeau blanc, déchiré par une balle. Les assistants ne purent se défendre d'une certaine impression quand ils aperçurent, sur la planche qui couvrait la tombe, l'empreinte bien marquée du corps et du visage du défunt.

Un des assistants voulut prononcer quelques paroles, au moment de cette exhumation privée, mais il se rendit au conseil de prudence qui lui fut donné; il s'abstint. Nous passons sous silence les vers composés en l'honneur de M. l'abbé Miroy : on peut les lire dans l'intéressante brochure : *le Drame de Cuchery*, avec d'autres détails.

Le *Monument* exécuté par M. de Saint-Marceaux arrive enfin. L'abbé Miroy est couché sur sa tombe, tel qu'il était lorsqu'il tomba sous les balles des Prussiens. Nous n'avons plus à faire l'éloge de ce magnifique bronze, que les étrangers ont placé parmi les curiosités de la ville à visiter.

L'inauguration de ce chef-d'œuvre se fit le 23 mai 1873.

« La cérémonie a été ce qu'elle devait être, touchante et recueillie. Les autorités civiles et militaires, le clergé, la magistrature y étaient représentées. L'on remarquait avec attendrissement, le père, la sœur et quelques parents de M. l'abbé Miroy. Après la messe célébrée dans la chapelle du Cimetière et la bénédiction du monument par M. l'abbé Tourneur, vicaire général, M. le Maire a prononcé le discours suivant :

« L'étranger, Messieurs, qui a quitté Reims, il y a quelques mois, est à la veille de repasser la frontière et de rendre à l'indépendance et à la patrie nos voisins moins favorisés que nous. Ils attendent l'heure de la délivrance avec une impatience et une anxiété auxquelles nous nous associons d'autant plus volontiers, que nous les avons éprouvées naguère, comme Rémois, et que nous les ressentons encore aujourd'hui comme Français.

» Si mes paroles, expression trop vive des sentiments qui nous oppressent, devaient être un sujet d'irritation pour nos vainqueurs d'hier, encore si proches de nous, qu'ils peuvent en quelque sorte les entendre; si elles doivent être un embarras pour le gouvernement, négociateur infatigable de la libération nationale, je serais resté muet devant cette tombe, et j'aurais laissé chacun de vous emporter silencieusement les poignantes émotions et les pensées amères qu'une telle cérémonie éveille en nos âmes.

» Mais, en dehors de ces motifs de prudence et de réserve, le milieu dans lequel nous sommes, la majesté funèbre de l'enceinte où j'élève la voix, tout nous invite au calme, tout nous commande la mesure; tout nous dit de ne prononcer ici que des paroles d'apaisement, et de ne pas troubler, par les bruyantes explosions d'un patriotisme indigné, le dernier sommeil de celui qui repose sous cette pierre, et la paix des tombeaux qui l'entourent.

» Il suffit d'ailleurs de contempler ce bronze, fidèle et douloureuse image de la mort si digne et si courageuse de l'abbé Miroy, pour sentir naître en soi les sentiments de confiance sereine en la justice de Dieu et en un meilleur avenir de l'humanité, qui l'inspiraient et l'encourageaient au moment suprême.

» Le prêtre étendu sur ce sarcophage, tel qu'il est tombé sous les balles prussiennes, ne fait appel ni à la vengeance, ni aux représailles. Cette statue d'une victime de cette guerre odieuse, est empreinte d'une grandeur qui manque à celles des potentats et des conquérants. Celles-ci ne sont que trop souvent les idoles de la force et les emblèmes de la violence ; elles ne rappellent que triomphes sanglants et conquêtes éphémères. L'effigie d'un enfant du peuple, martyr de la cause nationale, a une signification plus haute. Cette mort sans combat qu'elle retrace est le symbole de cette lutte sans espoir d'un peuple désarmé livré à d'innombrables envahisseurs.

» Sa figure, endormie dans la mort, n'est ni farouche, ni

menaçante; elle n'est pas l'image de la colère, elle n'est pas non

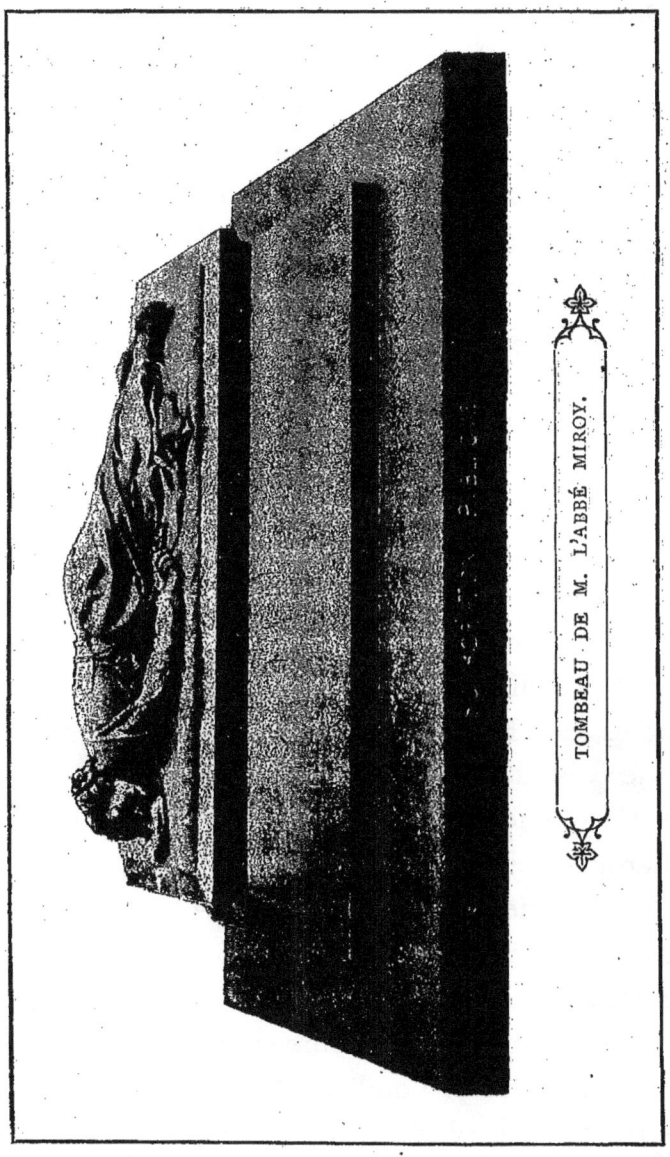

TOMBEAU DE M. L'ABBÉ MIROY.

plus celle d'une lâche résignation ; c'est celle de la protestation du droit et de l'humanité, protestation d'autant plus ferme qu'elle est plus calme, qu'elle ne se dépense pas en paroles et en menaces, et que, sans braver la force triomphante, elle n'abdique pas devant elle.

» Ce sentiment qu'un artiste distingué, un enfant de Reims, dont nous sommes déjà fiers, a su traduire dans son œuvre, ceux qui en ont eu l'inspiration et l'initiative le partageaient avec lui. Félicitons-les de leur généreuse pensée. Grâce à eux, nos enfants, en contemplant ce bronze funèbre, apprendront à détester la guerre et ceux qui l'infligent à l'humanité ; ils n'abandonneront à personne le droit redoutable de déchaîner ce fléau sur les peuples ; ils n'abdiqueront pas entre les mains d'un homme ; et en veillant eux-mêmes sur leurs droits, sur leurs libertés, ils sauveront les destinées de la France et la paix des nations.

» La ville de Reims est fière d'abriter dans son champ de repos cette tombe à jamais historique ; elle veillera avec un soin pieux sur ce monument de deuil, qui est un gage de paix et d'espérance ; car il réunira dans l'avenir, comme en ce moment, des hommes, des Français de conditions et d'opinions différentes, que des dissidences diviseront parfois, mais que le sentiment de l'honneur national et l'amour profond de la patrie rapprocheront toujours. »

« Les paroles de M. Diancourt ont été accueillies avec une approbation générale, dit M. l'abbé Baye, rédacteur du *Bulletin ;* elle traduisaient, en effet, les sentiments qui se remuaient dans les âmes, et tous les auditeurs emportèrent de la cérémonie les émotions les plus profondes et les plus salutaires ; on se sentait plus Français et plus croyant ; personne, en contemplant la victime étendue, n'eût osé nier cet avenir réparateur dans lequel seront récompensés, au-delà de la tombe, tous les dévouements de la terre. »

Quatrième Partie.

LES PRIÈRES POUR LES MORTS.

Q UAND la mort frappe dans une famille, le plus souvent, malgré la douleur et souvent à cause de la douleur, les membres survivants éprouvent le besoin de se retourner vers DIEU, l'ami le plus dévoué et le plus fidèle. Puis, dans ces moments, on voit accourir les parents et les amis, heureux de donner des témoignages de sympathie qui ne font pas oublier, mais supporter l'épreuve... Quand la guerre de 1870 éclata, la France, mère désolée, vit tomber par milliers ses enfants vaincus. Déjà, dans la *Troisième Partie*, en parlant du dévouement avec lequel certaines personnes s'ingénièrent à relever ce pays de ses ruines, nous avons signalé l'*Œuvre* si admirable des *Tombes*, qui s'occupait d'entourer des soins les plus délicats les restes de nos soldats morts loin de leur famille. Cette œuvre prenait en quelque sorte la place des mères auprès des enfants morts sur le champ de bataille. Mais, comme la sollicitude d'une mère ne se borne pas à déposer en terre la dépouille de ceux qu'elle pleure, mais qu'elle vient souvent sur la tombe épancher son cœur et verser ses plus ardentes prières, l'*Œuvre des Tombes* eut également la sublime pensée de fonder des prières et des anniversaires pour ceux qui reposaient loin du pays natal et qui, par là, étaient exposés à ne recevoir jamais aucune visite, ni aucun témoignage extérieur de sympathie.

Ce sentiment si délicat qui gardait un souvenir religieux aux malheureux défenseurs de la Patrie, se manifesta de tous côtés dans le Diocèse, surtout dans les endroits témoins des désastres de la Patrie. Judas Machabée, vainqueur, faisait prier pour ceux qui avaient succombé dans le combat. Les populations vaincues se montrèrent aussi généreuses en priant, aussitôt après les premières défaites de la guerre de 1870 et aux anniversaires suivants, pour les défunts si nombreux que fit la guerre. Pour l'honneur des populations et du Diocèse, nous allons rapidement rappeler quelques-uns des témoignages officiels de sympathie et de prières dont le *Bulletin du Diocèse* a conservé le souvenir. L'élan de patriotisme et de religion qui s'était produit dans le diocèse au moment de la guerre de 1870, prit un nouvel accroissement à la suite de nos revers. S'il était triste de voir nos champs couverts de soldats morts, il était bien consolant de voir avec quel religieux respect leurs dépouilles mortelles furent mises en terre, et avec quel entrain les populations entières venaient apporter leurs sympathiques prières. L'infortune resserre toujours et unit plus étroitement les différentes classes de la société, malgré quelques voix discordantes ; tous, soldats, prêtres, religieux, laïques, se rallient au même cri, à ces deux mots chrétiens et français : *Religion et Patrie !*

Le premier témoignage public que nous trouvons après les nombreux épisodes de la guerre de 1870, c'est celui que donna le village d'Autrecourt (Ardennes). Le 11 septembre 1870, le Père Adolphe Perraud fit, dans l'église de cette commune, un prône familier. Le 23 du même mois, l'éloquent prédicateur prononça une allocution au cimetière même de la paroisse ; voici dans quelles circonstances. C'est le religieux qui parle :

« Le 23 septembre, après trois semaines de douloureuse agonie supportée avec la plus héroïque patience, le sergent Lamorie, du 79ᵉ de ligne, amputé d'une jambe à la suite de la bataille du 30 août, avait rendu son âme à DIEU.

» Au moment où nous prenions des mesures pour le faire enterrer, un paysan vint nous prévenir qu'à environ trois kilomètres d'Autrecourt, dans la direction du champ de bataille de Beaumont, il venait de trouver dans un champ une fosse surmontée d'une croix sur laquelle, avec des noms allemands, on trouva celui d'un colonel français, enterré avec son uniforme. Une partie de la tête avait été emportée par un obus. La tunique ne renfermait rien qui pût faire reconnaître le mort, mais aidés par M. Lainé, agent-comptable de notre ambulance, nous reconnûmes, grâce aux boutons et aux galons des manches, que ce devait être le corps de M. Jamin du Fresnay, colonel du 8e régiment de chasseurs à cheval, tué dans la bataille de Beaumont et enterré le soir par les vainqueurs, à côté de leurs propres morts.

» Le corps, déposé à même dans la terre, commençait à entrer en décomposition. M. Lainé le fit immédiatement enfermer dans un cercueil et apporter à Autrecourt.

» Nous décidâmes alors de réunir dans une même cérémonie, l'enterrement du brave sergent que nous avions perdu le matin, et celui du colonel dont la sépulture provisoire venait de nous être révélée.

» Une lettre d'invitation, portée de maison en maison par un de nos infirmiers, priait les habitants de bien vouloir assister aux funérailles.

» A trois heures de l'après-midi, accompagné de M. le Curé d'Autrecourt, de deux séminaristes de la Congrégation du Saint-Esprit, infirmiers dans la cinquième ambulance, du porte-croix, des chantres et des enfants de chœur, j'allai chercher les cercueils à la maison d'un tisserand chez lequel le sergent Lamorie était mort.

» Nous avions à ce moment une vingtaine de blessés valides.

Ils se rangèrent en deux lignes, à droite et à gauche du convoi funèbre, commandés par le plus élevé en grade d'entre eux, M. Guénée, sergent-major au 79ᵉ, amputé du bras gauche. Le premier blessé de chaque file portait, l'un un guidon tricolore, l'autre le drapeau blanc à croix rouge de la Convention de Genève. Après le chant solennel des Vêpres à l'église, nous nous rendîmes au cimetière, accompagnés de la population d'Autrecourt, en tête de laquelle marchait M. le Maire. Derrière le cercueil, MM. les Chirurgiens et les Infirmiers de notre ambulance représentaient les familles absentes. »

Les populations sentaient la nécessité de se fortifier par la prière, comme l'atteste une lettre qu'une dame pieuse écrivait de Sedan, aussitôt après le désastre du 4 septembre.

« L'église paroissiale était remplie de blessés : il était impossible d'y célébrer les Saints Mystères, *et jamais peut-être on n'avait senti plus vivement le besoin de se réunir au pied de l'autel du sacrifice*, pour implorer, au nom de l'auguste Victime, la force morale affaiblie, épuisée même par tant d'émotions qui, depuis quinze jours, s'étaient succédé sans relâche.

» La bataille, le bombardement, le désarmement de notre armée, l'entrée des vainqueurs...

» Que de coups à la fois ! Qui n'en aurait été accablé ? Qui n'aurait pas compris que le Ciel seul pouvait relever les courages abattus ?

» C'était donc avec une sorte d'inquiétude qu'on se demandait, dans la journée du samedi : Où, demain, pourrons-nous entendre la Messe ?

» Cependant, le dimanche, de grand matin, le bruit circule que les Messes seront célébrées dans la chapelle des Frères de la Doctrine Chrétienne. Cette nouvelle est, pour les fidèles affligés, le rayon de soleil qui perce le nuage après une noire tempête. C'est un éclair de joie... Aussi, avec quel empressement on se hâte de l'apprendre à ses voisins, à ses amis!

» Nous courons chez les Frères; il était environ sept heures.

» Nous avions à traverser une partie de la ville. Qui pourra peindre l'aspect de cette malheureuse ville? Toutes les maisons fermées; les croix rouges qui, pour la plupart, annonçaient que des blessés y avaient été recueillis; les chevaux affamés errant en liberté dans les rues et nous obligeant à faire des détours pour éviter leur rencontre; les voitures qui barraient le passage; les armes brisées que l'on voyait partout; les fonctionnaires prussiens dans la rue, nous rappelaient que nous étions sous le joug de l'étranger; un temps sombre et pluvieux, une boue fangeuse... Tout cet ensemble composait un tableau qu'il est impossible de reproduire.

» Enfin, nous arrivons à la petite chapelle; déjà, de nombreux fidèles y étaient réunis. M. l'abbé Buiron (si regretté depuis et si digne de l'être,) était à l'autel : il récitait le *Confiteor*; sa voix était pleine de larmes.

» Ce jeune prêtre si profondément ému; ces chrétiens, hommes et femmes, tous ensemble humblement prosternés et dont les larmes coulaient silencieuses pendant qu'ils suivaient avec recueillement les différentes parties du Sacrifice; quelques Frères, aux visages abattus de tristesse et de fatigue, qui avaient quitté un instant les blessés pour venir renouveler leur courage, tout témoignait que les cœurs étaient unis dans une même pensée de douleur et de foi... Oh! comme la prière montait fervente vers le Dieu de toute consolation!

» Telle devait être une Messe sous la Terreur ou dans les Catacombes.

» Mais, quand vint le moment de l'Élévation, quand le sang

de l'Agneau sans tache fut présenté à l'adoration de l'assistance, oh ! alors, il devint impossible de contenir ses larmes. »

Notre-Dame de Reims. — L'église-mère du Diocèse, devant donner l'exemple à toutes les autres, fut très heureuse de faire célébrer, le 17 avril de l'année 1871, un service solennel demandé par les officiers, sous-officiers et soldats du 3ᵉ bataillon de la garde mobile de la Marne. Rien ne manquait à la splendeur de cette touchante cérémonie, dit M. l'abbé Baye que l'on est si heureux de citer : « Rien ne manquait, ni la présence de toutes les notabilités de la ville, de Mgr l'Archevêque, de M. le Sous-Préfet, des autorités municipales, ni le concours d'une assistance nombreuse et recueillie, aussi bien que d'un grand nombre de mobiles revêtus de leurs divers uniformes. La décoration était simple et de bon goût, les chants bien exécutés suivant les traditions très connues de la Maîtrise de Notre-Dame. Nous étions le témoin ému de cette touchante cérémonie, de cette belle démonstration religieuse, et nous nous rappelions involontairement quelques mots écrits par Voltaire ; voici à quel occasion :

« Le marquis de Fénelon, neveu de Mgr l'archevêque de Cambrai, ne pouvant marcher par suite d'une blessure, se fit mettre à cheval pour escalader les retranchements autrichiens, à la bataille de Recoux, et fut tué glorieusement dans la victoire. Voltaire, parlant de ce noble guerrier, ajoute : « Son extrême dévotion augmentait encore son intrépidité ; il pensait que l'action la plus agréable à Dieu était de mourir pour son Roi. (Aujourd'hui, Voltaire eût dit pour sa Patrie, ce qui revient au même.) Il faut avouer qu'une armée composée d'hommes qui penseraient ainsi serait invincible. »

» Voltaire a raison sur ce point ; il existe un rapport intime

entre la religion et le patriotisme, entre la dévotion et l'intrépidité. C'est à ces deux nobles sentiments, étroitement unis, que nous devons nos gloires militaires les plus pures et, si je puis le dire, les plus françaises. Ce sont eux qui forment les traits caractéristiques des grandes figures de Clovis, de Charlemagne, de saint Louis, de Jeanne d'Arc, de Bayard.

» On semble, de nos jours, avoir oublié ces choses. Puisse-t-on s'en souvenir pour le salut de la France, et comprendre, à la lumière du vaste incendie qui nous dévore, que le mot de Bacon, s'appliquant à la science, peut s'appliquer au patriotisme qui, lui aussi, a besoin *de la Religion comme d'un céleste arome pour ne pas se corrompre (1)* ! »

La piété envers les morts, les sympathies des populations pour les soldats morts durant la guerre de 1870 et pour les victimes de cette honteuse époque, se manifestèrent surtout à l'anniversaire. Alors, délivrées des préoccupations du moment, des embarras de tous genres, de la présence de l'ennemi, les âmes généreuses cherchèrent à adoucir leurs peines par les manifestations de leur piété, et à prouver combien elles prenaient une vive part à la douleur de tous leurs concitoyens que le souvenir de la guerre attristait encore.

Rethel. — Nous ne signalerons que les manifestations qui ont eu un certain retentissement; nous ne pourrions tout dire. La première, par ordre de date, eut lieu le 2 août 1871, à Rethel.

« En ce jour, une solennité des plus imposantes se célébrait dans l'église de Saint-Nicolas. De quoi s'agissait-il donc ? Il s'agissait de célébrer un service solennel pour le repos de l'âme des soldats morts dans la dernière guerre.

» Cette noble pensée était née dans le cœur des jeunes gens

---

1. *Bulletin du Diocèse.*

de notre ville. En un instant, la population tout entière l'avait accueillie avec le plus louable empressement, et c'est volontiers qu'elle consacra par de pieux souvenirs les jours ordinaires remplis par les fêtes de sainte Anne.

» L'église de Saint-Nicolas avait revêtu, pour cette circonstance tristement solennelle, une ornementation spéciale.

» Au moment de l'offrande, il y eut comme un long défilé de jeunes gens et de soldats qui prenaient part à cette fête. Tous les costumes militaires étaient représentés, depuis celui de marin jusqu'à celui de franc-tireur.

» M. l'Archiprêtre, dans son allocution, a développé ces pensées : dans la funèbre solennité de ce jour, il y a place pour les larmes, pour toutes les tristesses; il y a aussi place pour de suprêmes consolations.

» Le discours de M. l'Archiprêtre fit une vive impression sur l'auditoire déjà si bien disposé (1). »

Nous avons tenu à donner ces quelques détails, empruntés au *Bulletin du Diocèse*, pour faire voir combien les populations éprouvaient le besoin de traduire leur douleur par des manifestations sensibles. Ces démonstrations furent d'autant plus remarquables qu'elles prirent la place des réjouissances, si goûtées à Rethel et dans les environs, qui ont lieu tous les ans à l'occasion de la fête de sainte Anne. Les réjouissances populaires, occasionnées par les fêtes patronales de l'année 1871, ne furent pas toutes supprimées, mais furent l'occasion de manifestations pieuses en l'honneur des victimes de la guerre de l'année précédente.

Mouzon. — Le nom de Mouzon ne sera pas inscrit dans l'histoire comme celui de Sedan, pour rappeler la plus san-

---

1. Le discours est imprimé ; on le trouve, à Rethel, chez M. Trichet.

glante et la plus malheureuse de nos défaites ; toutefois cette petite ville a vu se terminer dans ses murs la désastreuse bataille qui commença à Beaumont, et qui n'était que le prélude de calamités plus grandes encore.

« C'est le 30 août que les habitants de Mouzon ont célébré l'anniversaire de ce fatal événement. Les nefs et les tribunes de l'antique église étaient remplies par une foule considérable ; la cérémonie fut des plus touchantes et des plus recueillies, et l'on sentait que toutes les âmes battaient à l'unisson, sous la double influence des tristes souvenirs et des religieuses pensées.

» M. l'abbé Jussy, curé-doyen de Mouzon, prononça une allocution que la nombreuse assistance, émue, écouta avec une profonde émotion. Comme les vrais orateurs, qui trouvent les succès sans les chercher, M. l'abbé Jussy traduisit en un langage simple les sentiments de tous, et s'appliqua à interpréter le sens de la funèbre cérémonie. Nous ne pouvons qu'indiquer la pensée principale de l'orateur : *Prier pour nos courageux soldats, victimes de la guerre, est un acte de justice, car ils ont succombé pour nous protéger ; c'est un acte de sympathie envers les familles qui nous ont donné leurs fils comme défenseurs ; c'est enfin un acte religieux.* Ce cadre permettait de faire vibrer le triple sentiment de l'humanité, du patriotisme et de la religion ; l'émotion et les larmes de l'auditoire ont prouvé au prédicateur qu'il avait réussi.

» Une quête fructueuse, faite pendant la cérémonie par la Supérieure des Sœurs de Saint-Vincent de Paul, sera consacrée à élever un monument aux cent cinquante Français qui reposent dans le jardin même de l'hôpital... »

Après de semblables manifestations, il semble que l'on se trouve plus chrétien et plus Français (1).

---

1. *Bulletin du Diocèse*.

Givet. — Les sympathies pour les morts ne furent pas les seules prières offertes à Dieu, à l'anniversaire de nos désastres. Il y avait eu des promesses faites dans le cas où l'on serait préservé de malheurs ; il y avait donc un engagement d'honneur à accomplir ces promesses.

« Le mardi, 10 septembre, en présence des Archiprêtres de Mézières et de Rocroi, les deux cités ardennaises les plus cruellement éprouvées pendant la guerre, en présence de tous les prêtres du canton, réunis pour cette cérémonie à la fois patriotique et religieuse, la paroisse du Petit-Givet, si longtemps menacée et si heureusement préservée des horreurs d'un siège et des désastres d'un bombardement, offrait dans son église, fraîchement décorée de peintures murales, un touchant témoignage de sa reconnaissance à la Sainte Vierge pour la protection visible dont elle l'avait entourée pendant la campagne de 1870.

» Le monument commémoratif, destiné à en perpétuer le souvenir, est un magnifique autel en pierre, représentant, en bas-relief, la *Mort de la Sainte Vierge ;* l'*Annonciation* et la *Visitation* en forment le retable. Il est surmonté d'une magnifique statue de la Vierge-Mère, richement polychromée, à laquelle deux anges présentent, en lettres d'or, la prière brûlante et anxieuse de la religieuse population de Givet : *Tu nos ab hoste protege : — Serva Regnum Galliæ...*

» ... Il y avait aussi une autre cérémonie à accomplir : la bénédiction d'une cloche... Filleule de M. F. Estivant et de Mme Hasslawer, dont M. le Curé fit l'éloge à cause des bienfaits dont ils ne cessent de combler la paroisse (1). »

Châtillon-sur-Marne. — A une année de sanglantes batailles et d'immenses désastres, succède une année de tristes

---

1. *Bulletin du Diocèse.*

souvenirs et de lugubres anniversaires : « Le sang ne coule plus, écrit l'abbé Baye, dans le *Bulletin du Diocèse*, mais la source des larmes n'est pas tarie ; les cris et les gémissements du champ de bataille ont cessé, et ils ont fait place à la prière redite au foyer de famille ou répandue au pied des autels, au foyer de Dieu même.

» C'est en effet un spectacle consolant, qui, à cette heure, peut se contempler partout. Nos populations chrétiennes, en dépit de leurs infortunes et des sollicitations de l'impiété, se pressent dans nos temples, pour demander l'espérance et la résignation en Dieu qui n'a pas voulu nous donner la victoire. Voilà ce qu'il nous a été donné de voir, lundi dernier, 11 septembre, à Châtillon-sur-Marne.

» Au lendemain de la fête patronale, l'on avait eu l'heureuse et touchante pensée de chanter un service solennel pour les militaires du canton qui avaient succombé pendant la guerre. Aussi de toutes parts on affluait vers la ville, chef-lieu de la contrée. L'église était impuissante à contenir la foule des assistants, dont une partie stationna aux abords de l'édifice.

La messe fut chantée par M. l'abbé Robert, doyen de Châtillon. Après l'Evangile, M. l'abbé Dessailly, curé de Witry-les-Reims, prononça un de ces discours qui restent gravés dans la mémoire de ceux qui les ont entendus. L'orateur développa avec une entraînante vigueur cette thèse pleine d'actualité : *Le devoir est le fondement de la société, et la Religion est le fondement du devoir.* Cette vérité, sociale et religieuse tout à la fois, a été mise en pleine lumière par M. l'abbé Dessailly. Quand il s'agit de discours, l'auditoire est, sans doute, le juge le plus compétent : or, auditeur nous-même et partageant les émotions de l'assistance, nous avons vu, à plusieurs reprises, un mouvement sensible d'adhésion parcourir la vaste assemblée.

» Une quête fructueuse fut faite par Mme Wallon, que conduisait M. Bellot, lieutenant de mobiles. »

Machault. — Le 12 septembre, à l'occasion de la fête patronale, les jeunes gens de la paroisse font célébrer un service solennel pour ceux de leurs camarades morts sur le champ de bataille.

Toutes les autorités assistent à cette cérémonie, ainsi que tous les habitants. Un quête est faite ; le produit servira à exécuter une verrière en l'honneur de saint Georges et de saint Martin. Les noms des défunts y seront inscrits. Un service à perpétuité est fondé pour eux.

Donchery. — « En tout autre temps que celui où nous vivons, le dimanche 17 septembre, écrit-on au *Bulletin du Diocèse*, eût été pour la petite ville de Donchery un jour de fête et de réjouissance. Mais après les désastres de la Patrie, on a compris que toute récréation était intempestive. On a remplacé les divertissements par des cérémonies funèbres en l'honneur des soldats qui sont morts glorieusement en combattant pour le salut de la France... (1). »

Vrizy (Vouziers). — « Délivrée, depuis trois jours seulement, de l'occupation allemande, la paroisse de Vrizy a voulu, comme tant d'autres paroisses des Ardennes, payer aux victimes de la guerre un légitime tribut d'honneur et de prières.

» Le mardi 24 octobre, dès le matin, le drapeau tricolore et le drapeau noir flottaient au-dessus de l'église et appelaient dans le lieu saint cette foule paisible et patriotique.

» A dix heures, on voyait s'avancer silencieusement vers l'église la *Société philharmonique*, qui se proposait de faire

---

1. *Bulletin du Diocèse.*

entendre quelques hymnes funèbres ; ensuite, sous la conduite d'un lieutenant, une trentaine de jeunes gens en uniformes. La variété de ces costumes donnait à entendre que la jeunesse de Vrizy avait contribué sous toutes formes à la défense du sol français. L'autorité municipale complétait le cortège qui, entré dans le temple, prit place autour du catafalque, au milieu d'une très nombreuse assistance (1). »

Rocroi. — Lundi 21 août, à neuf heures du matin, toute la ville de Rocroi était en deuil. Elle rendait un suprême hommage à ceux de ses enfants qui sont tombés sur les divers champs de bataille d'une guerre encore si proche de nous. C'est une pieuse coutume que, tous les ans, le lendemain de la fête patronale, les vivants s'assemblent pour offrir leurs prières en faveur des morts.

« Quelle tristesse cette année a assombri cette fête et quel surcroît de douleurs s'est ajouté à cet anniversaire ! Que de sujets de gémissements dans presque toutes les familles ! Qui n'avait pas perdu un parent ou un ami durant ces longs mois d'une invasion formidable, sous l'influence d'alarmes incessantes, et après un bombardement de six heures, du 5 janvier, qui en pleine épidémie consuma tout un côté des trois rues de la ville et n'empêcha pas l'ennemi de prendre la place laissée sans défense... (2) ? »

Floing. — « Floing était sur la route que devait parcourir l'armée allemande pour opérer le mouvement tournant destiné à envelopper Sedan et l'armée accumulée sous ses murs. Les hauteurs qui dominent de tous côtés ce riche village ont été le théâtre d'engagements sérieux dans lesquels l'armée française

---

1. *Bulletin du Diocèse.*
2. *Bulletin du Diocèse*, article de M. J. ORBAN.

a fait preuve de cet héroïsme qui aujourd'hui nous autorise encore à dire :

Tout est perdu, fors l'honneur.

» C'est entre Floing et Illy qu'ont été exécutées, sous la direction successive de Margueritte, de Tirard et de Gallifet, ces charges devenues légendaires comme celles de Reichshoffen, et qui ont arraché à Guillaume de Prusse cette exclamation : *Les braves gens !*

» Les corps qui ont particulièrement souffert sur le territoire de Floing, sont les régiments de Chasseurs d'Afrique, le 1er régiment de Hussards, le 4e régiment de Lanciers, le 37e de ligne et les batteries d'artillerie qui, placées sur une éminence, ont essayé d'arrêter par leurs projectiles l'ennemi qui débordait Saint-Menges.

» Un grand nombre de tombes sont disséminées sur le territoire de Floing. Le cimetière de la commune a reçu un grand nombre des glorieux morts du 1er septembre, et une terre située sur la gauche de la route qui mène à Sedan, a été transformée en cimetière spécial.

» Floing avait encore, en ce triste anniversaire, un deuil de famille à célébrer.

» Plusieurs de ses enfants sont morts de mort violente, comme à Balan, comme à Bazeilles.

» Plusieurs de ses enfants ont péri pour la patrie, au cours de la guerre.

» A ces causes, M. l'abbé Lalouette, curé de Floing, d'accord avec la municipalité de la commune, a célébré lundi un service funèbre auquel la population de Floing tout entière a assisté dans le plus profond recueillement.

» Un modeste catafalque s'élevait au milieu de l'église.

» Sur ce catafalque on remarquait une épée qui avait appartenu au brave capitaine Divin, du 2ᵉ Cuirassiers, enfant de Floing, blessé mortellement à Reichshoffen et décédé à Haguenau.

LE GÉNÉRAL DE GALLIFET.

» Mᵐᵉ la comtesse de Boisayraut, dont le fils, sous-lieutenant au 4ᵉ régiment de Chasseurs d'Afrique, repose dans un des cimetières de Floing, était venue assister à la cérémonie et avait déposé sur le catafalque une magnifique couronne de roses blanches.

» La messe a été dite par le curé de la commune, assisté de plusieurs prêtres du voisinage.

» M. le chanoine Lejay, aumônier de l'Hospice de Sedan, est monté en chaire et a prononcé une allocution dans laquelle, prenant pour texte les paroles du Psalmiste : *Quomodo ceciderunt fortes ?* il a d'abord glorifié les morts de la funèbre journée du 1er septembre 1870.

» L'orateur, au nom de la Patrie, a payé un juste tribut aux vaincus héroïques de la grande bataille. »

La commune de Floing s'était déjà distinguée quelque temps auparavant en souscrivant pour l'église de Bazeilles en des termes qu'il est bon de signaler : « *Le Conseil, vu l'appel fait par Mgr l'Archevêque à la charité des fidèles en faveur des églises de Bazeilles et de Mézières ;*

» *Considérant que l'église de Bazeilles est en quelque sorte sœur de l'église de Floing, et qu'elle est entièrement ruinée, est d'avis :*

» *Qu'il soit envoyé à l'Archevêché, exclusivement pour Bazeilles, de la part de l'église de Floing, la somme de 50 francs, indépendamment de la quête* (1). »

Nous avons réservé, pour terminer les citations qui précèdent et qui toutes sont à la gloire des populations, des jeunes gens surtout, presque toujours les initiateurs des manifestations, le récit de ce qui a été fait à Sedan. Là les choses ont été entreprises plus grandiosement, comme pour réparer le mieux possible les hontes dont la France y a été couvertes. L'anniversaire des désastres, d'ailleurs, y est célébré, tous les ans, avec beaucoup de fidélité.

Sedan. — « Hier, c'était un vendredi, 1er septembre 1871,

---

1. *Bulletin du Diocèse.*

dit M. l'abbé Collery dans le *Bulletin du Diocèse*, et c'était aussi l'anniversaire du plus effroyable désastre qu'ait subi la France. A Sedan et dans les localités d'alentour, on devait, moins qu'ailleurs, avoir oublié cette date écrite avec tant de sang et suivie de tant d'autres jours néfastes. La ville et les localités environnantes ont obéi à la religion des souvenirs, par une manifestation éclatante de patriotisme et de foi.

» Dans un rayon de 5 à 6 kilomètres autour de nos murs, des fosses accidentent tristement un sol fertile et habitué à porter de tout autres récoltes. Les victimes de la grande bataille y reposent par groupes de dix, de cent... Le cimetière du faubourg de Fond-de-Givonne en contient plus de cinq cents à lui seul, et celui de la ville même près de deux mille. Dès la veille, sur ces tertres désolés, des mains pieuses avaient redressé les croix, symboles d'espérance, ou renouvelé les rameaux verts, emblèmes du martyre ; on y multipliait les couronnes d'immortelles qui rappellent la gloire et implorent la prière.

» Dans nos villages suburbains, les processions, croix et bannières en tête, conduisaient les populations sur le champ de bataille...... Givonne, Illy, Floing, Balan, Daigny, Bazeilles émigraient dans les prés, les jardins, les bois, comme au 1er septembre de l'an dernier ; et si la terreur n'agitait plus les âmes comme en ce jour où tonnaient douze cents canons, le deuil et la honte maintenant les navraient : car on allait pleurer des morts, hélas ! des vaincus.

» Hâtons-nous de le dire cependant, à l'éloge de la division Saxonne qui occupe notre pays, nos vainqueurs se rencontraient avec nous dans une même pensée ; on les conduisait, par escouades peu nombreuses et sans armes, dans les tristes lieux où sont tombés leurs compatriotes de l'Allemagne ; on les appelait à célébrer sous les arbres de nos promenades un service religieux en commémoration d'une perte d'hommes plus douloureuse que la nôtre. Devant cette attitude, la haine était impossible; l'âme du Français et le cœur de l'Allemand s'accordaient un mutuel pardon.

» Tel était le spectacle au dehors de Sedan; la ville même reproduisait avec plus de grandeur encore ces scènes touchantes.

» Dans les rues, vous n'entendez que le silence, malgré la foule qui se dirige vers ses temples. Magasins, boutiques, ateliers sont fermés, comme si l'Ange Exterminateur avait fait une victime cette nuit dans chaque maison. A tous les étages flottent, soit des drapeaux noirs, soit des drapeaux tricolores voilés d'un crêpe funèbre. Le deuil, tout spontané, ne revêt aucun caractère officiel. On ne remarque aucun bruit de commande, aucun uniforme de parade; on n'entend pas même le roulement des tambours drapés, ni les accents lugubres des instruments de musique ; tout est silence, est recueillement.

» C'est à dix heures que doit commencer, à l'église de Sedan, le service des morts : avant neuf heures, l'enceinte sacrée est comble et attend les trente prêtres que, dans un instant, présidera M. l'abbé Tourneur, précédemment curé de Saint-Charles. On se dit que, vicaire général, il vient officier solennellement par ordre et au nom de Mgr l'Archevêque, absent de Reims; on sait que Son Excellence a choisi l'officiant et que celui-ci a obéi à son cœur autant qu'à l'invitation du Prélat; à l'un et à l'autre la population sera reconnaissante.

» L'église principale de Sedan n'est point une basilique à l'instar de la cathédrale de Reims ou de l'abbatiale de Mouzon. Aussi a-t-on imaginé avec bonheur de la transformer en catacombe. Les fenêtres, condamnées à ne verser du dehors aucune lumière, sont suppléées au dedans par la lueur rougeâtre de soixante-dix lampes et de cinq cents bougies, éclairant d'interminables tentures noires où n'étincelle pas même l'acier des armes : on se souvient qu'à Sedan la Patrie a perdu jusqu'à son dernier fusil et sa vaillante épée ! Le catafalque, très simple, n'est recouvert que d'un drapeau jeté comme un cadavre ; en effet, le drapeau français est tombé là, et n'a point été enseveli dans la gloire ! Ainsi, l'église du 1er septembre 1870 est devenue chapelle ardente le 1er septembre 1871. Le maître-autel, en marbre noir ; le tableau qui en fait le fond et représente *saint Charles*, le grand évêque secourant à Milan les blessés de la peste ; toute l'assistance en grand deuil ; le plain-chant pur et grave, relevé seulement de quelques faux-bourdons harmoniques, tout cet ensemble enfin, étrange et austère, rappelle les vastes cryptes où les premiers chrétiens se réunissaient entre les tombes de leurs frères martyrs.

» Cependant la prière chante par la voix de l'officiant, si sympathique aux familles Sedanaises, dont il a été durant quinze ans le pasteur et le père ; et les sentiments catholiques et français vont grandir dans l'auditoire sous la parole vibrante et pieuse du digne M. Dunaime, curé actuel de la paroisse (1)...»

Nous ne pouvons pas énumérer et surtout donner en détail les cérémonies funèbres qui se célèbrent chaque année avec la même pompe et les mêmes témoignages de sympathie ; nous ne pouvons pas, à notre grand regret, reproduire les allocutions touchantes de M. l'abbé Dunaime. Signalons toutefois que le second anniversaire, qui avait été marqué, par une coïncidence toute providentielle, par la présence d'un digne ecclésiastique de Metz, qui célébra le Saint Sacrifice, M. l'abbé Lapierre,

---

1. *Bulletin du Diocèse.*

témoin de nos combats de Borny, de Rezonville et de Gravelotte, faillit devenir une cause de malheur. Un habitant avait arboré son drapeau avec ces mots : *Vive la France ! à bientôt la revanche !*..... Le drapeau dut disparaître..... La population se résigna. C'était plus sage.

A Mouzon, on célébra également le deuxième anniversaire en l'honneur des soldats français qui succombèrent au combat de Beaumont-Mouzon.

Un monument fut inauguré après le service, destiné à perpétuer la mémoire des nobles victimes de la terrible journée, prélude du désastre de Sedan.

Le monument est dû à la générosité du *Comité Belge de la Croix-Rouge* et des habitants de Mouzon : il est élevé dans le jardin de l'Hospice sur un tumulus où sont ensevelis deux cents soldats qui furent soignés dans cet établissement et qui moururent des suites de leurs blessures. Il y eut un discours prononcé, avant la bénédiction du monument, par M. le Doyen de Mouzon (1).

Ce *Livre d'or* ne reproduit que les faits qui honorèrent le Diocèse de Reims durant la guerre de 1870 et durant les années qui suivirent. Pouvons-nous cependant ne pas dire un mot, un mot seulement, de plusieurs témoignages de sympathie reçus du dehors ou recueillis par nous-mêmes ?

C'est le *Phare de la Manche* qui parle : « Il y a quelques jours, nous rendions compte du service funèbre célébré dans la Chapelle du Port, pour le repos de nos braves soldats tués à la bataille de Sedan.

» Nous croirions manquer à la reconnaissance si nous ne disions à nos lecteurs que *M. l'abbé Misset, curé de Bazeilles*,

---

1. *Courrier des Ardennes.*

vient d'arriver dans notre ville et que son premier soin, en apprenant que l'un des régiments d'infanterie de marine séjournait à *Cherbourg*, a été d'annoncer aux autorités militaires qu'il célébrerait lui-même un service funèbre pour leurs compagnons d'armes morts à Bazeilles.

» Ce service a eu lieu hier, 6 septembre, dans la Chapelle du Port.

» M. Brière de l'Isle, colonel du 1er régiment d'Infanterie de Marine, s'est fait un devoir d'y assister avec son état-major et ses soldats.

» La musique du régiment, avec une harmonie qui s'alliait parfaitement au souvenir de la sanglante journée de Bazeilles, a fait entendre, à l'offertoire surtout, un morceau dont la mélodie plaintive était l'expression fidèle des sentiments qui animaient les cœurs de cette assemblée si profondément émue et recueillie.

» Avant de commencer la messe, M. l'abbé Misset, avec un cœur visiblement touché, disait : « Je suis, à Bazeilles, le gardien des cendres de vos frères ; et avant mon départ pour Cherbourg, j'ai voulu célébrer solennellement, près des ruines de mon village, l'anniversaire de leur mort héroïque.

» Aujourd'hui, je tiens à vous donner un témoignage de ma plus vive sympathie en priant au milieu de vous et avec vous, pour ces généreux défenseurs de la Patrie. Le noble courage qui leur a fait trouver la mort à vos côtés, les a couverts de gloire, et l'ardeur avec laquelle vous avez si vaillamment combattu fait l'honneur de vos chefs et le vôtre.

» Le malheureux sort de vos compagnons d'armes et les infortunes de mon pays ont créé entre vous et moi une conformité des sentiments qui doivent se confondre dans un deuil commun, et des rapports que doit cimenter notre amour pour la France. »

Ces paroles prouvent combien le malheur joint aux sentiments religieux unit les cœurs, et, de loin comme de près, fait éclore les plus nobles pensées, détermine les généreux sacrifices et cherche à perpétuer le souvenir de ceux qui se dévouent pour leurs frères. Nous voulons parler *d'une cérémonie funèbre à Querrieu, en septembre 1871*, à laquelle les Mobiles de la Marne avaient été invités par M. le Maire de Querrieu. Ecoutons le *Dimanche d'Amiens* : « C'est le 20 décembre qu'eut lieu le combat de Querrieu, où les Prussiens furent vigoureusement repoussés, malgré le petit nombre de troupes françaises engagées. Ce combat ne fut que le prélude de la bataille de *Pont-Noyelles*, qui se livra le 23 décembre 1870, et où le bataillon des *Mobiles de Reims*, qui faisait partie de la 2e Division du 22e Corps, eut une large part, principalement vers les trois heures de l'après-midi.

» Nos Mobiles surent résister à l'ennemi qui commençait à déboucher du village de Pont-Noyelles, et le repoussèrent vigoureusement. On doit à une section commandée par un sous-officier de Reims, la conservation de deux pièces d'artillerie que nous étions sur le point de perdre.

» Une foule considérable était venue d'Amiens et des paroisses du voisinage pour assister à la bénédiction d'une belle croix de bronze destinée à ombrager la tombe de douze braves, morts pour la défense de la Patrie. C'était vraiment quelque chose de touchant que cet empressement de toutes les classes de la société à venir rendre hommage au courage malheureux.

» La terre qui a reçu les dépouilles de ces morts glorieux ne s'appellera point, comme dans le langage des païens, *la terre de l'oubli* : c'est la terre de l'espérance, de l'attente du triomphe, et pour ceux qui dorment là et pour ceux qui prient à côté ;

car, sur ces tombes, s'élève la croix, qui, après avoir été le salut du monde, sera le salut de la France : *Salus Christi, salus Galliæ.* »

Ce qu'on fit à Querrieu pour les mobiles, on le fit également en d'autres lieux. Mais ce qui prouve combien la Religion unit les cœurs mêmes de deux nations ennemies, c'est ce qui fut entrepris en Allemagne pour la sépulture de nos soldats morts en captivité. Comme le Diocèse de Reims a eu sa part à cette œuvre si patriotique et si catholique, on nous permettra de transcrire la lettre suivante :

« La captivité est finie ! Il y a quelques semaines, nous rentrions en France avec nos derniers malades. Vous avez fait connaître dans votre journal, si dévoué à toutes les nobles causes, tous les actes de dévouement que la charité a inspirés pour soulager de si grandes infortunes.

» Notre tâche n'est pas finie ; une des pensées qui m'oppressaient le plus douloureusement en quittant le sol allemand, c'était de savoir que des milliers de nos défenseurs restaient ensevelis sous cette terre, sans qu'il y ait un signe pour attester qu'ils étaient chrétiens et qu'ils appartenaient à la France.

» Sur quarante-trois villes allemandes où j'ai pris des renseignements, neuf seulement possèdent des monuments funéraires, et ils sont dus à nos soldats qui, avant leur rapatriement, ont prélevé une obole sur leurs maigres ressources, pour laisser à leurs frères d'armes un témoignage suprême de l'amitié. Il y a des villes comme Cologne, Coblentz, Glogau (1), Posen, où nous avons laissé jusqu'à 800 à 1.000 soldats sans une pierre qui marque le lieu de leur sépulture, et on rencontre des cime-

---

1. Si les pieuses et nobles paroles pouvaient jamais consoler une veuve qui perd son mari, des parents qui perdent leurs fils, la lettre suivante, adressée à M. le Maire de Reims par le Commandant du 4e Bataillon de nos Gardes Mobiles, interné à

tières protestants où nul signe religieux n'abrite leurs restes... Dans quelques années, on aura perdu jusqu'à la trace du lieu où reposent ces pauvres exilés !

» Je le demande, la France ne doit-elle pas au moins une pierre aux braves qui ont tant souffert pour elle et qui ont succombé pour sa défense ?

» Et la Religion ne doit-elle pas un signe chrétien aux restes mortels de ses fils qui sont morts pieusement dans son sein ?

» Cette pensée a touché déjà des cœurs généreux ; notre

Glogau, ôterait toute leur amertume aux larmes d'une famille éprouvée dont nous voulons alléger la douleur en la partageant :

« Monsieur le Maire,

» J'ai la douleur de vous annoncer le décès de Gené, Victor-Remy, garde mobile, mort le 4 février à l'ambulance du dôme de Glogau, des suites du typhus.

» Notre camarade nous a quittés pour la bonne patrie, succombant à une longue maladie pendant laquelle soins, consolations et affection lui ont été par tous ménagés. J'ai visité moi-même chaque jour notre défunt regretté, et je dois à l'honneur de sa mémoire vous mander combien il était bon, affectueux, et, malgré ses souffrances, savait trouver une reconnaissance qu'il ne nous devait pas.

» Gené est mort en chrétien. Ses derniers moments ont été bénis. J'avais eu la consolation de pouvoir lui faire donner les secours de la religion, et, quand les anges du bon Dieu sont venus le chercher, Gené priait avec ferveur sur un chapelet qu'il y a une quinzaine je lui avais remis au nom de sa femme.

» J'ai recueilli une boucle de ses cheveux, je conserve son chapelet et je ferai réserver l'une des couronnes dont je veux orner son cercueil. Ces pieuses reliques seront sous ma garde personnelle à l'intention de la pauvre veuve de notre ami. Je joins en outre, et pour même destination pieuse, une photographie de la croix près de laquelle repose notre ami.

» Demain, nous rendrons les derniers devoirs à Gené, et, à cette heure suprême, nous serons tous près de lui, donnant à sa mémoire un témoignage ardent de notre affection et de nos regrets.

» La veuve et le père du garde mobile Gené habitent Reims, rue Dieu-Lumière, 11. En vous donnant la pénible mission d'annoncer à la famille de Gené cette triste nouvelle, je vous prie, avec déférence, de vouloir bien être près de chacun de mes compatriotes affligés, mon plus affectueux interprète, disant à tous la part pleine et entière que je prends à leur douleur.

» Je suis avec respect, etc.

» Le Commandant
» *du 4ᵉ Bataillon des Gardes Mobiles de la Marne.*

» Glogau, 4 février, 1871. »

Episcopat l'a bénie, nous avons les encouragements de NN. SS. les Evêques de Saint-Claude, de Bayeux, de Montpellier, d'Hébron, de Grenoble, etc.

» Mgr Le Courtier écrivait à un de nos plus zélés collaborateurs, M. Saint-Pierre de Cette : « Vous avez le religieux désir d'élever, dans les cimetières allemands, un modeste monument à la mémoire de nos prisonniers qui n'auront pas le bonheur de revoir leur Patrie.

» Et vous me demandez une parole qui assure le succès et la réalisation de cet appel dans le diocèse ; cette parole, c'est mon cœur qui vous la dira.

» Touché au-delà de ce que je puis dire d'une pensée aussi pieuse qu'émouvante, aussi fraternelle que patriotique, je bénis ce monument et la croix qui le surmontera, et j'appelle autour de lui les offrandes de mon clergé, de mon troupeau si généreux, et je vous prie de m'inscrire parmi vos souscripteurs. »

» Grâce à ces bienveillants encouragements, nous consacrerons tous nos efforts à réaliser cette œuvre de justice, en dotant tous les cimetières où reposent nos soldats, d'un monument commémoratif.

» Elle est commencée déjà ; des milliers de familles dont les enfants reposent là-bas sont directement intéressées à ne pas refuser leur obole. Toutes les âmes catholiques et françaises trouveront dans leur patriotisme et leur foi une nouvelle aumône. Nous la demandons au nom de ces chers morts dont le dernier soupir a été pour la France et pour Dieu. La Patrie du Ciel et celle de la terre en seront reconnaissantes !

» Nous espérons, Monsieur le Rédacteur, que cet appel sera entendu, et que vous pourrez bientôt annoncer dans vos colonnes que la France, qui a tant fait, malgré ses ruines, pour soulager les vivants, a trouvé dans son cœur assez de ressources pour honorer la sépulture de ceux de ses fils qui ont succombé sur la terre de l'exil.

» Toutes les offrandes pourront être adressées au R. P. Joseph, place de la Paix, 13, à Lons-le-Saulnier (Jura).

» Je vous remercie à l'avance, M. le Rédacteur, du concours patriotique que vous voudrez bien apporter à cette œuvre, et je vous prie d'agréer l'expression de tous mes plus dévoués sentiments.

» L. JOSEPH,
» Aumônier des Prisonniers de Guerre en Allemagne. »

Un autre témoignage de piété pour les morts eut lieu en Prusse, *au camp de Krekow*, où les prisonniers français firent élever une croix monumentale au milieu d'un cimetière français, où reposent les soldats morts en exil. Nous n'en parlons que comme souvenir, parce qu'il ne concerne pas le Diocèse de Reims en particulier.

*　*　*

La tâche que nous avons entreprise avec plus de bon vouloir que de talent, est terminée ou à peu près. Nous serait-il permis de fermer notre *Livre d'Or* sous une bonne impression en racontant ici la joie que l'on ressentit à Reims à l'entrée des troupes françaises dans la ville ?

C'est le mercredi 19 novembre 1872 que les troupes françaises, si impatiemment attendues, ont fait leur entrée solennelle à Reims. Nous n'avons pas à raconter la brillante réception faite au 79e de ligne et à son état-major; d'autres ont rempli cette tâche avant nous. Inutile donc de décrire ici la ville entière et les monuments publics pavoisés de drapeaux, la foule immense qui, de la gare à l'hôtel de ville, dans toute la longueur du parcours suivi par les troupes, formait deux haies épaisses et vivantes entre lesquelles défilaient nos braves soldats.

Ce que nous aimons surtout à signaler, c'est le caractère général de cette démonstration patriotique, et la part que toutes les classes de la société ont voulu y prendre. Les pompiers sous les armes, revêtus de cet uniforme qui est chez nous le symbole de l'ordre et du dévouement, s'étaient réunis pour fraterniser avec la troupe; les riches et les pauvres, les patrons et les ouvriers, étaient confondus en une même foule immense qui remplissait les rues ; les enfants du Pensionnat des Frères des Écoles chrétiennes étaient mêlés aux élèves du Lycée et des écoles laïques. A l'hôtel de ville, toutes les autorités étaient réunies ; Mgr l'Archevêque, accompagné d'un grand nombre de prêtres, M. le Sous-Préfet, M. le Maire et ses Adjoints, les Conseillers municipaux, etc., etc., se tenaient debout pour recevoir le Colonel et les Officiers de son état-major.

A son arrivée sur la place de l'Hôtel-de-Ville, le 79e de ligne fut accueilli par des acclamations générales ; sur son passage les fleurs pleuvaient de toutes parts. Introduits avec ses officiers et le drapeau du régiment dans la salle préparée pour la réception, le Colonel échangea avec Mgr l'Archevêque, M. le Sous-Préfet et M. le Maire, de sympathiques paroles et de cordiales poignées de main.

M. le Maire prit alors la parole et lut un patriotique discours qui se termina par un toast chaleureux à l'armée et à la Patrie.

En quelques phrases bien senties, le Colonel du 79e remercia de la réception brillante qui lui était faite ; il exprima l'assurance que l'accord le plus parfait régnerait entre la population rémoise et la troupe; puis avec une franchise qui révèle d'un coup le caractère d'un homme, il affirma hautement ses sentiments patriotiques et chrétiens... En prononçant ce dernier mot, le Colonel salua avec courtoisie Mgr l'Archevêque.

Malgré quelques cris discordants, poussés par ceux-là qui ne savent pas laisser à une démonstration publique le caractère qui lui est propre, et qui veulent saisir toutes les occasions de faire, comme on dit, *une journée* en faveur de leurs idées politiques, tel est le caractère général de la fête patriotique de mercredi dernier; toutes les classes de la société y ont pris part ; tous se sont unis dans une même pensée et dans un même sentiment : la joie de revoir le drapeau et les soldats de la France. Puisse cette union fraternelle régner toujours parmi nous : c'est la condition nécessaire de notre régénération. Cette fête eut son lendemain dans la *réception faite par son Excellence Mgr l'Archevêque de Reims à M. le Colonel et au corps d'Officiers du 79ᵉ de ligne.*

M. le Colonel et MM. les Officiers du 79ᵉ de ligne, accueillis, le mercredi 19 novembre, par les autorités de la ville de Reims, avec une si chaleureuse sympathie, ont tenu à se présenter, le jeudi 20, au palais archiépiscopal, pour rendre à Mgr Landriot, archevêque de Reims, leur visite de bienvenue.

Le Prélat, environné de ses Vicaires généraux, des Membres de son Conseil archiépiscopal et des principaux dignitaires de son Chapitre, échangea, dans son salon, avec ses honorables visiteurs, les témoignages de la plus cordiale sympathie. Puis, les conviant à passer dans la salle à manger, qui avait eu pour dernier hôte le roi Guillaume de Prusse, Monseigneur offrit quelques rafraîchissements à MM. les Officiers, en leur adressant les paroles suivantes :

« Monsieur le Colonel,
» Messieurs les Officiers,

» Après la visite dont vous avez bien voulu m'honorer, et
» dont je vous remercie cordialement, j'ai tenu à vous réunir
» en cette salle, et là, où retentirent si souvent des toasts à nos

» défaites successives, j'ai voulu qu'après notre délivrance, le
» premier toast fût porté par moi à notre brave et vaillante
» armée, si dignement représentée par M. le Colonel et MM.
» les Officiers du 79ᵉ de ligne.

» A l'Armée française, à l'avenir glorieux et prospère de
» notre chère Patrie ! »

Ce vœu fut couvert d'applaudissements unanimes auxquels prirent hautement leur part M. Léon Grenier, sous-préfet de l'arrondissement, et M. V. Diancourt, maire de Reims, invités par Mgr l'Archevêque à assister à cette réception tout amicale. Monseigneur se plut ensuite à faire les honneurs des grands appartements du palais à MM. les Officiers, en leur racontant avec entrain divers épisodes de l'occupation prussienne. MM. les Officiers prirent congé de leur hôte, charmés de son accueil si français et si pastoral (1).

1. *Bulletin du Diocèse.*

Pièces Justificatives.

LISTE DE SOUSCRIPTION OUVERTE LE 13 AOUT 1870.

A.

	fr.	c.
Mgr l'Archevêque	200	»
M. Lambert, vicaire général	50	»
M. Juillet, vicaire général	50	»
M. Tourneur, vicaire général	50	»
M. Maille, doyen du Chapitre	50	»
M. Jolinet, chanoine	10	»
M. Jaisson, chanoine	10	»
M. Gérard, chanoine	10	»
M. Boucaumont, chanoine	30	»
M. Buffet, archiprêtre de N.-D.	50	»
M. Querry, chanoine	20	»
M. Hannesse, chanoine	20	»
M. Decheverry, chanoine	40	»
M. Bussenot, secrétaire	20	»
M. Dunaime, archiprêtre de Sedan	20	»
M. Périn, supérieur du Petit-Séminaire	20	»
Le Petit-Séminaire (montant des prix des élèves)	300	»
L'*Enfant-Jésus*	700	»
La *Congrégation* (montant des prix des élèves)	500	»
L'Hôpital-Général	100	»
Anonyme	10	»
MM. les Vicaires de N.-D. de Reims	40	»
M. Cerf, chan. honoraire	10	»
M. l'abbé Sury	10	»
M. l'abbé Boulogne	10	»
M. l'abbé Olivier	5	»
M. l'abbé Legras	5	»
M. l'abbé Gaillard	5	»
M. l'abbé Coqueret	5	»
M. l'Aumônier de la Maison de Retraite	25	»
M. le Curé de Saint-Remi et ses Vicaires	30	»
M. l'abbé Colas	10	»
M. l'abbé Viot	10	»
Petit-Séminaire de Charleville (valeur des prix des élèves)	100	»
Anonyme	6	»
Le Frère Directeur de la Maîtrise	10	»
Les Élèves de la Maîtrise (valeur de leurs prix)	70	»
Les religieuses de l'*Assomption*	50	»
M. Lefort, aumônier de l'Hôpital-Général	30	»
La domestique de M. Lefort	2	»
Les Sœurs et les Élèves de l'école des filles de Gueux	50	»

	fr.	c.
M. le Curé de Saint-Thomas et ses Vicaires	30	»
Une petite fille de 3 ans, toute sa petite bourse	5	80
M. le Curé de Bourg-Fidèle	14	60
MM. les Directeurs du Grand-Séminaire	100	»
M. le Curé de la Neuville-aux-Larris	10	»
M. l'abbé Guérin, aumônier des Frères	5	»
M. L. G., pour l'armée	5	»
Le même, pour les familles indigentes des militaires	2	50
Mademoiselle L. G. pour l'armée	3	»
La même, pour les familles indigentes des militaires	2	»
M. le Curé de Saint-Maurice et ses Vicaires	30	»
Paroisse de Béthény, collecte faite à l'église	20	»
M. le Curé de Bulson	10	»
M. le Curé de Joigny et sa paroisse	20	»
M. Victor Rousseau, économe de la Charité	5	»
M. l'abbé Champagne, curé de Saint-André	50	»
M. Petithomme	10	»
Anonyme	1	»
La Divine-Providence	50	»
Anonyme	1	»
Paroisses de Marvaux et Vieux :		
Produit d'une quête faite à l'église de Vieux	10	»
Produit de deux quêtes faites à l'église de Marvaux	33	30
Mademoiselle Blanchard Victoire	25	»
M. le Curé de Marvaux	10	»
M. le Curé de Saint-Jacques et ses vicaires	50	»
Anonyme	2	»
Mesdames Loche-Coquet	20	»
M. le Curé d'Aubilly	20	»
Madame Plateau	5	»
Communauté de Saint-Marcoul	100	»
M. le Curé de Sacy	15	»
M. le Curé de Vaux-Champagne et sa paroisse	58	»
Madame Vve Remy Pajot, pour l'armée	10	»
Et pour les familles indigentes des soldats	10	»
Anonyme	2	»
Anonyme	3	»
M. l'abbé Paulus	10	»
Madame Maubeuge, pour l'armée	10	»
Et pour les familles indigentes des militaires rémois	10	»
Quelques Élèves du Petit-Séminaire de Reims	16	»
M. le Curé de Sillery	20	»
M. l'abbé Viard, aumônier de l'Hôtel-Dieu	10	»
Un enfant de Marie	5	»
Anonyme	10	»
Pensionnat des Frères (souscription)	600	»
Anonyme	10	»

PIÈCES JUSTIFICATIVES. 219

	fr.	c.
Les Associés du *Chapelet* de Saint-Remi	33	50
M. l'abbé Vatier, curé de Pomacle	20	»
M. l'abbé Legras, de Ludes	15	»
Anonyme	10	»
M. le Doyen du Chesne	10	»
Une domestique de Saint-Jacques	5	»
Madame Miquet, pour l'armée	30	»
Madame Miquet, pour les familles indigentes des militaires Rémois	20	»
Produit du tronc établi à la cathédrale	162	10
M. le Curé de la Taillette et plusieurs de ses paroissiens	20	»
Les Missionnaires Lazaristes (Reims)	50	»
Trois anonymes	10	»
Madame veuve Muiron-Balardel	20	»
Pensionnat de Mademoiselle Petit (rue St-Hilaire)	50	»
M. le Curé d'Aubérive	30	»
Paroisse de Fismes	95	»
M. le Curé d'Aubilly (2e envoi)	20	»
Un Curé des environs de Reims	20	»
Les Élèves du Pensionnat de Mademoiselle Leroy	100	»
Madame veuve Bélon	5	»
Quête faite dans l'église de Villers-Marmery, le jour de l'Assomption	117	»
Produit des quêtes faites à la Cathédrale pendant l'Octave de l'Assomption	338	20
Anonyme	80	»
Plusieurs personnes de Saint-André	20	»
Anonyme	20	»
Mademoiselle Aug. Philippot, à Chaumont-Porcien	5	»
M. Charles Desoize	1	»
M. Philippot-Bajot	1	»
M. Edouard Petit	2	50
Anonyme	1	»
M. le Curé de Braux et sa paroisse	58	»
Quête faite à Meillier-Fontaine, annexe de Braux	7	»
Produit d'une quête faite à l'église d'Hautviné	16	50
Quête faite dans l'église de Dizy	55	»
Quête faite à l'église des Petites-Loges	19	»
M. le Curé des Mesneux	13	»
Produit du tronc de la Cathédrale (2e versement)	179	60
TOTAL. fr.	5851	60

On a reçu à l'Archevêché des ballots de linge venant de *Saint-Souplet* et de *Bétheniville*. Un anonyme de Reims a fourni des draps.

SOUSCRIPTION EN FAVEUR DES ALSACIENS-LORRAINS.

B.

Son Excellence Monseigneur l'Archevêque recommande d'une manière toute particulière, au clergé et aux fidèles de son diocèse, la souscription en faveur des Alsaciens-Lorrains, ouverte dans le *Bulletin du Diocèse de Reims.*

	fr.	c.		fr.	c.
Son Excellence Mgr l'Archevêque	200	»	Les Frères du Pensionnat	100	»
M. Juillet, vicaire général	20	»	Anonyme	10	»
M. Tourneur, vicaire général	20	»	M. l'abbé Lefort, aumônier de l'Hôpital-Général	20	»
M. Butot, vicaire général	20	»	M. l'abbé Paubon, curé de Tarzy	10	»
Le Chapitre métropolitain	155	»	M. Dunaime, archevêque de Sedan	30	»
L'abbé Bussenot	15	»	Un Anonyme	2	»
M. l'abbé Viard, curé de Saint-Thomas	10	»	Un Anonyme de Brévilly	5	»
M. l'abbé Trihidez, vicaire de Saint-Thomas	10	»	M. Gros-Millet.	30	»
M. l'abbé Gridaine, vicaire de Saint-Thomas	10	»	M. l'abbé Lagneau, curé de Donchery	10	»
M. l'abbé Cerf	10	»	2 Anonymes de Notre-Dame de Reims	12	50
MM. les Vicaires de Notre-Dame	20	»	M. Robert-Sido	20	»
Les Frères du Jard	10	»	M. le Curé de Cormontreuil	5	»
Le Supérieur du Petit-Séminaire de Reims	10	»	M. le Curé de Rilly	5	»
MM. le supérieur et les Directeurs du Grand-Séminaire	50	»	Paroisse de Tourteron	10	»
			Paroisse de Witry-les-Reims	76	»
M. l'abbé Champagne, curé de Saint-André	25	»	M. le Curé de Merfy	5	»
MM. Denys, de Velly	20	»	Mademoiselle Baudet	2	»
M. le Curé de Velly	10	»	Un Anonyme	5	»
M. l'abbé Deglaire	5	»	Paroisse de Houldizy	15	»
Mademoiselle Aubry	10	»	Anonyme	10	»
			M. Michel Adnet, de Villy	5	»

PIÈCES JUSTIFICATIVES. 221

	fr.	c.
M. Brocard-Francois, de Villy	5	»
La famille Leroy	2	50
M. Balan-Champenoy	1	»
Mademoiselle Warsege	1	»
M. Chebridon-Hiblot	2	»
Mademoiselle Clarisse	5	»
Un Anonyme	5	»
M. Migeot, Curé de Signy-le-Petit	25	»
Anonyme de Saint-André	10	»
M. le Curé de Fraillicourt et sa domestique	10	»
Anonyme	1	»
M. l'abbé Dion de Rethel	10	»
M. L. G. de Reims	3	»
M. le Curé de Saint-Maurice	10	»
Une Anonyme de Saint-Maurice	5	»
M. le Curé d'Hermonville	10	»
M. le Doyen de Ville-en-Tardenois	10	»
M. le Curé de Cumières	10	»
M. le Curé de Douzy	10	»
M. le Curé de Pourru-aux-Bois	5	»
M. le Curé de Francheval	5	»
M. le Curé d'Escombres	5	»
M. le Curé de Montbré	2	»
M. le Curé et quelques Paroissiens de La Neuville-aux-Joutes.	23	»
M. Victor Villain	10	»
Anonyme	10	»
Paroisse de Villy	26	50
Produit d'une quête à l'église de Nouzon	175	»
M. l'abbé Devie et Madame Gand, sa sœur	20	»
MM. les Vicaires de Saint-Jacques	15	»
Anonyme	25	»
Collecte à l'église d'Auvillers-les-Forges	32	60
M. Lagneau-Sénéchal, à Auvillers-les-Forges	10	»
M. le Curé d'Auvillers-les-Forges	10	»
Paroisse de Taissy	52	»
Paroisse de Damouzy	40	»
M. le Curé de Lavanne et sa paroisse	76	»
Deux ouvrières de Reims	5	»
M. Allart-Guérin	5	»
M. Harmel, du Val-des-Bois	50	»
Paroisse de Laval-Dieu	45	»
Produit d'une quête faite à domicile, aux Mesneux, par Madame la comtesse de Saisseval	107	»
M. le Curé de Remilly-Aillicourt et sa paroisse	100	»
M. le Curé de Daigny	5	»
Mademoiselle Blin, de Daigny	3	»
M. le Curé de Prouilly	25	»
M. le Doyen du Chesne	10	»
M. le Curé de Fagnon et sa paroisse	28	»
M. le Curé de Revin	20	»
M. le Vicaire de Revin	5	»
Une domestique de Revin	1	»
M. Blavier, curé de Corny	10	»
Couvent de l'Assomption, Sedan	250	»

	fr.	c.		fr.	c.
M. le Doyen de Rumigny	10	»	De Saint-Lambert (2e envoi)	10	»
M. le Doyen de Carignan	10	»	Paroisse de Levrezy	23	»
M. le Curé de Seraincourt	4	»	Paroisse de Pomacle	20	»
Ouvroir des Sœurs de l'Espérance de Reims	48	»	M. l'abbé Vatier	10	»
M. Blocteur	10	»	Un Anonyme de Lavannes	3	»
M. J. C. B.	2	50	Paroisse de Chaumont Porcien	50	»
M. l'abbé Sevestre	5	»	Mesdemoiselles Griffon de Reims	20	»
M. le Curé de Thin-le-Moûtier et sa paroisse	25	»	Quête à l'église de Mézières	102	»
M. Legros, propriétaire à Vandeuil	10	»	M. le Curé d'Auboncourt-Vauxelles et quelques-uns de ses Paroissiens	15	»
M. le Curé de Muizon et sa paroisse	17	»	M. le Doyen de Novion-Porcien	10	»
Quête faite en l'église de Saulces-Champenoises	75	»	Annoyme de Reims	5	»
M. le Doyen d'Attigny	100	»	Cinq personnes de Pourru-Saint Remy	60	»
Quête en l'église de Charbogne	58	»	Me Potier, de Revin	20	»
Quête en l'église de Saint-Lambert, par l'épouse de M. le Juge de paix	103	»	Quelques personnes de Revin	8	»
M. Isidore Gros	25	»	Paroisse de Monthermé	36	»
Le 18 décembre, Mgr l'Archevêque a fait remettre à M. le Trésorier du Comité de l'*Œuvre des Alsaciens-Lorrains*, à Reims, une somme de 2.000, sur le produit de la souscription ouverte au *Bulletin* en faveur cette Œuvre.			M. le curé de Lalobbe et cinq de ses Paroissiens	35	»
			M. le Curé d'Hautvillers	4	»
			M. le Curé de Pouillon	20	»
			Anonyme	25	»
			E. P.	2	»
			Un Anonyme de Verzy	5	»
M. le Doyen de Bourgogne	10	»	M. le Doyen et quelques Paroissiens de Pontfaverger	35	»
M. le Curé de Cormicy	5	»	Un Anonyme de Reims	10	»
Anonyme	1	»	M. le Curé et quelques Paroissiens de Mailly	15	»
M. le Curé de Joigny et sa paroisse	5	»	M. le Curé de Barby	5	»
Produit d'une quête au Séminaire de Charleville	45	»	Anonyme du Châtelet-sur-Retourne	»	50
Paroisse de Villers-Allerand	12	»			

	fr.	c.		fr.	c.
M. L. G.	5	»	Paroisse de Château-Regnault	10	»
Les Sœurs du Saint-Enfant-Jésus et leurs Élèves de Maubert-Fontaine	40	»	Paroisse des Hautes-Rivières	10	»
M. le Curé de Maubert-Fontaine	5	»	Paroisse de Leffincourt	61	»
			Paroisse de Mézières	102	»
Un Anonyme de Guignicourt	5	»	M. le Curé et la paroisse de Sery	49	50
De Maubert-Fontaine	45	»			
M. le Curé de Passy-Grigny	5	»	Paroisse de Vaux-Champagne	25	»
M. le Doyen de Juniville	6	»			
Un Anonyme	5	»	Paroisse de Coulommes-les-Attigny	98	70
Un Anonyme	20	»			
Paroisse de Monthermé	36	»	Total.	4.031	30
Paroisse de Braux	10	»			

NOMS DES PERSONNES
CITÉES DANS L'OUVRAGE
POUR LEUR DÉVOUEMENT (1).

A

Adam (J.-B.), de Neuville, Victime, amené à Reims et relâché.
Ambulanciers (voir la table).
Aubry, supérieur du Grand-Séminaire de Reims, dessiné par l'abbé Miroy.
Augé (François), de Reims, teinturier, mis à mort.
Auger (Alexandre), conseiller municipal, Reims, Otage.
    id. (A.)   id.   id.
    id. (J.)   id.   id.
    id. (J.), D^{elle} Picart, dame de Bazeilles, remarquée pour son dévouement.

B

Bacot, Sedan, Ambulancier.
Badré, abbé, Amb. au Séminaire de Charleville.
Bajulien, directeur du Pensionnat des Frères de Reims, Amb.
Barbier-d'Escaneville, maire de Béthéniville, défia qu'on le mît à mort.
Bardel (Louis), de Falaise, V., affaire de Voncq.
Baudelot, curé de Bazeilles, V., traqué, se sauve à l'étranger.
Baudesson, conseiller municipal à Reims, O.
Baudet (H.), conseiller municipal à Reims, O.
Baudrant, directeur de l'École maritime d'Arcueil, dominicain.
Baye, rédacteur du *Bulletin du Diocèse*.
R. P. Bayonne, dominicain, Sedan, Amb.
Bécourt, médecin.
Benoît (aîné), Sedan, va en Belgique chercher des denrées.
Benoît (L,), Reims, O.
Benoît-Lochet, Reims, O.

---

1. V. *Victime*. — O. *Otage*.

Bernier, médecin, Sedan, Amb.
Béthune (de), Mézières, Amb.
      id   (Madame).
Beurmann.
Blount, banquier, travaille au relèvement de Bazeilles.
Boitel, de Vouziers, V.
Bonnet, médecin militaire à Sedan, Amb.
Borderel, Sedan, Amb.
Bouchard, Reims, O.
Bouché, archiprêtre de Vouziers, Amb. décoré.
Brébant, médecin, Reims, conseiller municipal, O. puis prisonnier en Allemagne.
Bricier, de Sedan, Amb.
Brion (E.), Reims, O.
Bourgeois (J.-B.), de Voncq, V.
Burguignon, curé de Joudan, blessé par les Prussiens.
Broyart (J.), Reims, O.
Buiron, vicaire de Sedan, Amb., meurt victime de son zèle.
Busquet, de Bazeilles, reçoit un coup de feu.

C

Cauly, aumônier, Sedan, Amb. proposé pour la décoration.
Cellier, curé de Ville-sur-Retourne.
Chabrillan (Comtesse de), intercède pour M. Tharel auprès du roi.
Charbonneaux-Compas, Reims, O.
      id.   (Ernest), Reims, O.
Charbonnier, notaire, Voncq.
Charles (Georges), de Vaux-Vilaine, mis à mort par les Prussiens.
Charlier (Honoré), de Voncq, mis à mort par les Prussiens.
Châtelain, Reims, O.
Colle, ingénieur, travaille au relèvement de Bazeilles.
Collery, curé de Fond-de-Givonne.
Collomb, Reims, O.

Compant (l'abbé), se dévoue à l'ambulance du P. S. de Charleville.
Congar et Cie, avancent des fonds à la municipalité de Sedan.
Contant, conseiller municipal, Reims, O.
Contet-Muiron, Reims, O.
Corps, curé de la Neuville-les-Thys, attaché à une voiture ; relâché.
Courmeaux, Reims, O.
Courty (général), assiste au relèvement de Bazeilles.

D

Daire (Benjamin), de Voncq, V.
Daire (L.), id. V.
Daire (Noël), de Voncq, V.
Dallier, de Neuville, affaire Voncq, V.
Damourette (de), de Bazeilles.
Dauphinot (Adolphe), de Reims, Amb.
Dauphinot (Simon), maire de Reims ; noble conduite, O.
Davis, docteur noir d'Amérique, Amb., meurt à Sedan.
Day, de Neuville, affaire Voncq, V.
Debauche, médecin amb., blessé.
Delétang, curé d'Aubigny, V., meurt par suite de flagellation.
Deligny, O., Reims.
Deloche, banquier, Sedan.
Deloffre, de Voncq, V.
Démaret (D^{elle}) de Sedan, Amb., décorée d'une médaille de bronze donnée par la *Société française*.
Dépreuve, de Vaux-Vilaine, mis à mort.
Desteuque, O., Reims.
Devédeix, conseiller municipal de Reims, O.
Diancourt, conseiller municipal de Reims, auteur de *Les Allemands à Reims en 1870*.
Dodeuil, de Voncq, V.
Doury, notaire à Savigny-sur-Aisne, V., gracié.
Doyen, conseiller municipal de Reims, O.
Dereppe, doyen de Bouillon.

Drime, de Neuville, affaire Voncq, V.
Drouet-Bonnaire, conseiller municipal de Reims, O.
Dubois, Reims, Amb.
Duchange, Reims, O.
Duchesne, de Sedan, Amb.
Ducros, Reims, O.
Dujardin, de Reims, journaliste, affaire Miroy.
Dumont (Mme), de Bazeilles.
Dunaime, archiprêtre de Sedan, Amb. Discours.
Duplessis, prononce l'éloge de M. Debauche, décédé.
Duquénelle, Amb. de Reims.

E

Echard, de Reims, O.

F

Falmain, de Falaise, affaire Voncq, V.
Ferrot, méd. mil., Sedan, Amb.
Feuillet (J.), Reims, O.
Fiennes (Cte de), Bazeilles, bienfaiteur de l'endroit.
Flomain, de Falaise, affaire Voncq, V.
Fossier, curé de Saint-Vaubourg, à l'ambulance de Charleville.
François (N.), de Voncq, V.
Franquet (Benoît), Reims, O.
Frères des Écoles chrétiennes, Donchery — Mézières, Amb. ; — Reims, Voir *Table ambulances.*
Frère Directeur de l'Ecole de Sedan, Amb. ✠ Médaille de bronze.
Frissart (J.), Reims, O.
Fugollier (J.-B.), de Voncq, V.

G

Gabreau-Fauppin, Reims, O.
Gaillard, de Bazeilles.
Gallet (Cécile), de Bazeilles.
Gallet (Isidore), de Voncq, V.

Gallet (Céleste), de Voncq, V.
Gallois, Reims, O.
Génin (Aimond), de Voncq, V.
Gennesseaux, vicaire de Sedan, Amb. V.
Geoffroy, Reims, O.
Gérardin (Vᵉ), Sedan, Amb.
Gillet, directeur au Séminaire de Charleville, Amb.
Golmisch, de Sedan, Amb. ✠ Médaille de bronze.
Gosset-Aubert, conseiller municipal, Reims, O.
Goulden, de Sedan, Amb. ✠ médaille de bronze.
    id. (Melle), de Sedan.
Grandjean (A.), Reims, O.
Guyotin (L.), Reims, O.

H

Henrion (Julina), Bazeilles, V., jetée dans les flammes, se sauve.
Henrot (Adolphe), Reims, O.
Henrot (H.), conseiller municipal, Reims, O. V. prisonnier en Allemagne.
Hubignon-Billeron, de Voncq, V.
Houzeau (J.), conseiller municipal, O.
Hunin, curé de Villers-Cernay, V.
Hippolyte, Sœur de Sedan, Amb., décorée.

I

Itasse, médecin, Sedan, Amb.

J

James, de Sedan, Amb.
Javelot, instituteur, Voncq, V.
Juillet, vicaire général de l'Archevêché de Reims, au péril de sa vie, va recueillir l'argent dû au clergé.
Jussy, doyen de Mouzon, discours.

L

Labauche, maire de Sedan, Amb.

Laignier, conseiller municipal, Reims, O.
Lainé, curé d'Autrecourt, Amb.
Lalouette, curé de Floing.
Lange, de Clavy, dévalisé, maladie.
Lanson (aîné), conseiller municipal, Reims, O.
Lantein, Reims, O.
Lasserre, Reims, O.
Laurent, curé de Balan, V., relâché.
Lebé (J.-P.), de Voncq, V.
Lecomte-Charbonnier, notaire, V., Voncq.
Ledarné, de Jonval.
Leflon, abbé, auteur d'une brochure sur 1870.
Lefort-Jeanty, de Semuy, V., Voncq.
Legros, curé de Sévigny-la-Forest, V., jeté dans le feu.
Lejay, aumônier, Sedan, Amb.
Lelarge, conseiller municipal de Reims, O.
Lemoine, Reims, O.
Léonardy, Sedan, Amb.
Leseur, Reims, O. Amb.
Lescœur (P.), de l'Oratoire, Amb. à Autrecourt.
Letellier, de Sedan, Amb.
Letellier, conseiller municipal, Reims, O.
Librecy (Maire de), prisonnier, relâché pour 4.000 francs.
Lochet (aîné), conseiller municipal, Reims, O.
Lochet (L.) Reims, O.
Loupot, archiprêtre de Rocroi.

M

Maille-Leblanc, conseiller municipal, Reims, O.
Maizières-Neveux, V. à Voncq.
Maldan, médecin à Reims, conseiller municipal, O.
Many, Amb. de Charleville.
Marceaux (de Saint-), conseiller municipal, Reims, O. Son fils exécute la statue de l'abbé Miroy.
Marcel (Saint-), curé de..., se sauve d'un danger.

Margotin, conseiller municipal, Reims, O.
Marteaux, curé de Vaux-Vilaine, admirable conduite.
Marquant, Reims, O.
Marteau, conseiller municipal, Reims, O.
Maugis, de Sedan, Amb.
Méleux, de Sedan, Amb. ✠ médaille de bronze.
Mayet-des-Alleux, V. de Voncq.
Mayet (Nicolas), V. de Voncq.
Ménecier, chef de gare, décoré pour sa noble conduite.
Mennesson-Tonnelier, conseiller municipal. Reims, O.
Mennesson (Henry), Reims, O.
Meunier (G.), Reims, O.
Mereux, de Sedan, Amb.
Millart, abbé, Amb. de Charleville.
Mimil, curé de Tugny, intervient en faveur de M. Tharel.
Miroy, curé de Cuchery, mis à mort.
Miroy (Edmond), de Voncq, tué au bois de l'Accord. (Vouziers)
Miroy-Legois.
Misset, curé de Bazeilles, relève les ruines du pays.
Montagnac (de), de Sedan, se dévoue au village de Bazeilles.
Morin, de Sedan, Amb. ✠ médaille de bronze.
Mnischeh, à Bazeilles, travaille au relèvement du pays.

N

Neveux, relèvement de Bazeilles.
Nicole.
Ninet, curé de Librecy.
Nivois (Théodore), V. de Voncq.
Ninin, Sedan, Amb. ✠ médaille de bronze ; relèvement de Bazeilles.
Nonnon, Reims, O.

P

Palloteau, Reims, O.
Pasquier, maire d'Autrecourt, Amb. chez lui.

Payer, vicaire à Sedan, Amb.
Payol (général), relèvement de Bazeilles.
Pelletier, Reims, O.
Perraud, évêque d'Autun, Amb. à Autrecourt, discours.
Petitbon (E.), Reims, O.
Pie IX, dons envoyés à Bazeilles.
Piotrowski, docteur, Amb. d'Autrecourt.
Poulain, conseiller municipal, Reims, O.
Poullot (J.), Reims, O.
Portevin (Léon), conseiller municipal, Reims, O.
Prévôt, Reims, O.

Q

Quenoble, Reims, O.

R

Remi, de Bazeilles, V. mis à mort.
Renauld (Georges), V. de Vaux-Vilaine, mis à mort.
   id.   (Catherine)   »
Renard, Sedan, Amb.
Renaudin (J.-B.), de Falaise, V. de Voncq.
Richard, Reims, O.
Riché, maire de la Chapelle.
Rogelet, conseiller municipal, Reims, O.
   id.   (Charles),   id.
Roger, de Mézières, Amb.
Rome, conseiller municipal, Reims, O.
Rouy, Sedan, Amb.
Roye, Reims, O.

S

Sacré, chanoine, aumônier des prisons, assiste l'abbé Miroy à ses derniers moments.
Salliet (D^{elle}), Sedan, Amb. ✠ décorée de la médaille de bronze.
Simon (P.), Reims, O.

Sœurs de Reims, *Table ambulances*.
Sœurs de Sedan, Sainte-Chrétienne, Amb.
Sœurs de Sedan, Assomption, Amb.
Sœurs de Sedan, Espérance, Amb.
Stévenin, instituteur, Sedan, Amb. ✠ médaille de bronze.
Sury, archiprêtre de Mézières, dont le presbytère fut dévalisé.

T

Talot, de Sedan.
Tassigny (Alfred de), conseiller municipal, Reims, O.
Tharel, notaire à Aubigny, V. inquiété, mis en prison, gracié.
Thomas (A), Reims, O., prisonnier en Allemagne.
Thomas, Sedan, médecin, Amb.
Thomas, de Bazeilles, Amb.
Tilly, de Savigny.
Toulmonde.
Tourneur (abbé), reçoit le curé de Balan, gracié.
Tourneux (Nicole et Henri), V. Voncq.
Trihidez, aum. milit. du 6ᵉ Corps d'Armée, Amb.
Tristant à Rouffy (Autrecourt), Amb.

V

Vallée, aumônier des Quinze-Vingts, Amb. de Sedan.
Varinel, Sedan, Amb.
Vesseron, Sedan, Amb.
Vivès (de), conseiller municipal, Reims, O.
Voncq, trente habitants emmenés à Reims, prisonniers, puis graciés.

W

Walbaum, Reims, O.
Wood, Sedan, Amb. (jeune Anglais.)

TABLE DES MATIÈRES.

AVANT-PROPOS 7

Première Partie.
DÉVOUEMENTS.

I. — Secours en nature et en argent.

La misère à Reims, souscriptions en faveur : **A** des ouvriers sans travail ; **B** des familles des soldats et des mobiles ; **C** des soldats prisonniers en Allemagne ; **D** des soldats blessés. Misère dans le diocèse, particulièrement à Sedan 14

II. — Ambulances.

DANS LA VILLE DE REIMS 25

Auprès de la gare des voyageurs. — MM. Gabreau et Kunkelman. — Pensionnat des Frères, rue de Venise. — Grand Séminaire. — Mme Régnier. — Petit-Séminaire. — Hôtel-Dieu. — Chapelle de Saint-Vincent-de-Paul. — Bon-Pasteur (Ambulance allemande). — Divine Providence. — Hôpital-Général. — Saint-Marcoul. — Maison de Retraite. — Congrégation de Notre-Dame. — Enfant-Jésus. — Bethléem. — Sœurs de l'Espérance. — Maisons H. Goulet, Georges Goulet, Rœderer. — Lycée. — Usine Villeminot et Rogelet. — Salle Chemin.

DANS LE DIOCÈSE. 34

Rethel, chez les Frères, Beaumont-en-Argonne, chez les Sœurs ; un instant dans 300 maisons et aux alentours ; Eglise. — Mouzon, aux alentours, Thibaudière, Hétanne, Sommauthe ; La Besace, Raucourt, Voncq, Grésil : Eglise, Hospice, Écoles. — Pourru-Saint-Remi : Écoles des Frères. — Sedan : la ville entière, le soir de la bataille ; caserne d'Asfeld ; hôpital militaire ; hospice civil ; Sœurs de l'Espérance ; Sœurs de l'Assomption ; Sœurs de Sainte-Chrétienne (de l'horloge du faubourg) ; Frères de la Doctrine chrétienne ; Église Saint-Charles ; Église du Fond-de-Givonne ; Temple protestant ; Déchets ; Dijonval, chez MM. Renard-Bacot, Borderel, Léonardy et Vesseron, Parent, etc. — Détails nombreux sur toutes ces ambulances, sur

236   TABLE DES MATIÈRES.

les dévouements remarquables, les sacrifices, les récompenses accordées ; à la Chapelle ; à Bellevue (propriété Bernutz) ; aux Vignes (propriété Bertèche). — Floing. — Donchery. — Vouziers, Sœurs de la Divine Providence : Hospice ; Asile communal ; Sœurs de la Doctrine Chrétienne ; Pensionnat ; Maisons particulières ; Baraquements servis par les Sœurs de la Providence. M. l'abbé Bouché reçoit la croix de la Légion d'honneur. — Autrecourt.

III. — Les otages.

A REIMS ET A SEDAN 79

Otages dans les trains de chemins de fer ; Protestations : Otages volontaires, liste des personnes, Reims, Sedan ; Noble conduite de M. Ménecier, chef de gare à Reims : il sauve un nombreux matériel, il est décoré de la Légion d'honneur.

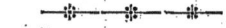

Deuxième Partie.

VICTIMES.

Bazeilles, le pays entier ; l'abbé Baudelot, curé du pays. — Falaise, M. Doury, notaire, de Savigny sur-Aisne ; plusieurs personnes du pays. — Voncq (Vouziers), trois habitants mis à mort ; 34 prisonniers conduits à Reims, leurs noms, deux furent mis à mort dans le trajet. — Chestres (Vouziers), le maire et onze individus saisis, sept sont relâchés moyennant 200 francs, les autres conduits à Reims sont fustigés. — Beaurepaire, le maire et celui d'Olisy. — Balan, M. l'abbé Laurent, curé du pays, prisonnier. — Aubigny, M. l'abbé Delétang, curé du pays, laissé pour mort après une affreuse flagellation ; M. Tharel, notaire du pays, plusieurs fois sur le point d'être mis à mort ; son épouse obtient qu'il ne soit pas fusillé, mais il est exilé en Allemagne : il fut un des derniers Français graciés. — Reims, MM. les docteurs Brébant, Thomas, H. Henrot, envoyés dans la forteresse de Magdebourg ; plusieurs habitants inquiétés ; le maire de Bétheniville à Reims ; François Augé, teinturier, fusillé au moulin d'Huon. — Vaux-Vilaine, le curé du pays, M. l'abbé Marteau, sa noble conduite ; trois victimes mises à mort ; procès occasionné par cette exécution. — Cuchery, M. l'abbé Miroy, arrestation, mise à mort, inhumé dans le cimetière du Nord de Reims, honneurs qui lui sont rendus. — Neuville-les-Thys, M. l'abbé Corps, curé du pays, arrêté et pardonné. —

TABLE DES MATIÈRES.

Sévigny la-Forêt, M. l'abbé Legros. — Clavy, M. l'abbé Lange. — Jandun. — Mézières. — Rouvroy. — Saint-Marcel. — Flaignes-les-Oliviers. — L'Echelle. — Librecy. — Curé de Tréloup (Soissons). — Mgr Landriot. — Sœur Louise, de Saint-Vincent-de-Paul, et sa Supérieure. — L'abbé Buiron. — Docteur Thomas, docteur Débaudre, docteur Davis (Noir) 89

Troisième Partie.
RÉPARATIONS.

Bazeilles, relèvement des ruines ; cérémonies ; souscriptions ; discours ; œuvre des tombes ; dévouement de l'abbé Misset. — Cuchery, monument élevé à M. l'abbé Miroy : bronze admirable de M. de Saint-Marceaux, posé dans le cimetière Nord de Reims ; cérémonies religieuses et civiles, souscriptions. 153

Quatrième Partie.
PRIÈRES POUR LES MORTS.

Autrecourt (Ardennes), discours de M. Adolphe Perraud. — Notre-Dame de Reims, service solennel, 17 avril 1871. — Rethel, manifestation du 2 août 1871. — Mouzon, anniversaire du 30 août 1870. — Givet-le-Petit, monument de reconnaissance élevé dans l'église. — Châtillon-sur-Marne, service solennel chanté le lendemain de la fête patronale. — Machault, service solennel chanté le lendemain de la fête patronale. — Donchery, divertissements remplacés par une cérémonie funèbre. — Rocroi, prières publiques le lendemain de la fête patronale. — Floing, service solennel. — Sedan, service chanté chaque année. 187

TABLE DES GRAVURES.

M. S. Dauphinot, Maire de Reims en 1870.	12
Mme de Boham, Supérieure des Religieuses de l'Enfant-Jésus	21
Frère Victor, Visiteur actuel du District de Reims.	29
Frère Bajulien, Directeur du Pensionnat des Frères, à Reims, en 1870.	33
Mme de Beffroy, Fondatrice des Religieuses de la Divine-Providence, à Reims.	36
Mère Angèle, Supérieure des Religieuses de l'Espérance de Reims	37
L'ambulance.	41
Le Maréchal de Mac-Mahon.	45
Napoléon III.	49
La bataille de Gravelotte.	57
Mme la Supérieure des Religieuses de Sainte-Chrétienne.	61
Le général Chanzy	73
Mgr Perraud, évêque d'Autun.	76
Mgr Juillet, Doyen du Chapitre de Reims	77
M. l'abbé Baudelot, Curé de Bazeilles en 1870.	93
Incendie et défense de Bazeilles	97
Vue de Bouillon	101
Convoi de prisonniers.	105
M. l'abbé Delétang, Curé d'Aubigny.	112
M. l'abbé Miroy, Curé de Cuchery.	129
L'officier allemand demandant pardon du crime.	133
Mgr Landriot, Archevêque de Reims en 1870	145
M. l'abbé Misset.	157
Le Cardinal Langénieux.	169
Tombeau de M. l'abbé Miroy	185
Le général de Gallifet.	201

www.ingramcontent.com/pod-product-compliance
Lightning Source LLC
Chambersburg PA
CBHW071928160426
43198CB00011B/1319